부모님 살아계실 적에

OYA GA SHINUMADENI KIITEOKITAI 45 NO KOTO
by Kimihiro Yoneyama
Copyright ⓒ 2010 Kimihiro Yoneyama
All rights reserved.
Originally published in Japan by CHUKEI PUBLISHING CO., LTD., Tokyo.
Korean translation rights arranged with
CHUKEI PUBLISHING CO., LTD., Japan
through THE SAKAI AGENCY and YU RI JANG AGENCY.
Korean translation edition ⓒ 2012 by SAMYANG MEDIA. CO., LTD., Seoul.

이 책의 한국어판 저작권은 유·리·장 에이전시를 통한
저작권자와의 독점 계약으로 삼양미디어에 있습니다.
저작권법에 의해 한국 내에서 보호를 받는 저작물이므로
무단 전재와 무단 복제를 금합니다.

부모님 살아계실 적에

요네야마 기미히로 지음
이윤희 옮김

삼양미디어

Prologue

부모님이 언제까지고 건강하시리라 믿으면서 일에 쫓기다보면
속 깊은 대화를 나눌 사이도 없이 시간만 속절없이 지나간다.
그러다 어느 날, 부모님이 뇌졸중으로 쓰러지셨다는 연락을 받는다.
병원에 허겁지겁 달려가 부모님이 한마디도 주고받을 수 없는
의식불명인 채 병원침대에 누워 있는 모습을 마주하기라도 하면
누구라도 망연자실할 것이다. 물론 이런 일은 일어나지 않기를 바란다.
그러나 "부모님과는 언제라도 이야기할 수 있다",
"다음 기회에 하지"란 말로 계속 내일로 미루다 보면
얼굴을 마주하고 이야기할 기회를 영영 잃어버리기 쉽다.
나는 신경과 의사로서 여러 환자와 가족들을 보아왔다.
또 지금은 세상을 떠나셨지만 치매에 걸린 어머니를
9년이나 모신 경험도 있다.
아버지의 경우엔 돌아가시기 10년 전부터
한 주에 3일 정도, 1시간씩은 꼭 대화를 나누려고 노력했다.

아버지의 유년 시절과 개업의가 되고 나서의 일,
장래에 대한 생각, 재산 문제 등 화제는 끝이 없었다.
아버지와 나는 같은 의사인 만큼 화제가 궁했던 적은 없었다.
그랬는데도 아버지가 병에 걸려 입원할 시기가 되자
미처 나누지 못한 이야기가 있는 것 같아 몹시 안타까웠다.
사람들은 부모님 생전에 재산이나 채무 같은
'돈' 문제는 "말하기 껄끄럽다"며 피하곤 한다.
하지만 역시 부모님 사후에 가장 분쟁이 많은 것이
'돈'에 관련된 사항이다.
부모님의 유산을 제대로 잘 쓰기 위해서라도
부모님이 아직 건강하실 때 물어보는 편이 좋다.
그리고 부모님의 병간호와 연명 치료, 장례식 같은
'죽음'에 대해 살아계신 동안
'어떻게 인생을 마치고 싶은지' 묻는 것을

그릇된 행동으로 여기기도 한다. 그러나 그렇지 않다.

나는 의사라는 직업상, 다양한 '죽음' 을 보아왔다.

삶의 방식이 그러하듯 죽음의 방식도 여러 가지다.

특히 최근에는 치매나 뇌졸중에 걸린 후

자리에서 일어나지 못한 채 죽음을 맞이하는 경우가 많다.

나는 생명연장 치료에 대한 과도한 집착으로 단지

목숨을 연명하기 위한 무의미한 치료를 받는 환자도 보았다.

반면, 병간호가 필요해지자 위루를 거부할뿐더러

"입으로 먹지 못하게 되면 애써 살리려고 하지 말라"고

가족들에게 말하던 환자도 있었다. 이렇듯 많은 환자를 대하다 보면

"이것이 과연 본인이 바라는 임종인가" 하는 생각이 들 때가 있다.

만일의 경우를 대비해서 부모님에게 마지막은

어떤 식으로 맞이하고 싶은지 물어두면

당황하는 일도 없고 후회도 남지 않을 것이다.

부모님의 돈, 병간호, 죽음.
어느 것이든 부모님이 돌아가시고 나서야
"아아, 미리 물어보았으면 좋았을 걸" 하고
아무리 후회해도 사후 약방문이다.
이 책에는 평상시엔 좀처럼 물어볼 기회가 없는,
그러나 부모님에게 꼭 묻고 싶은 것에 대해,
내 나름대로의 생각을 정리해 보았다.
충분한 것 같아도 의외로 부족한 것이 시간이다.
모쪼록 이 책이 부모와 자식 간에
대화를 나누는 계기가 되었으면 한다.

- 저자

차 례

Prologue

제1장 부모님의 역사에 대해 묻기

- 이야기 01 어떤 일을 해오셨는지 들어둔다 _ 16
- 이야기 02 아버지에게 집안의 내력에 대해 묻는다 _ 22
- 이야기 03 친척 관계를 확인해두자 _ 27
- 이야기 04 전쟁 때 겪은 부모님의 고생담을 들어두자 _ 30
- 이야기 05 부모님과 함께 사진첩을 본다 _ 36
- 이야기 06 부모님의 친구에 대해서 신경을 쓴다 _ 41
- 이야기 07 부모님의 유년 시절에 대한 추억을 듣는다 _ 46
- 이야기 08 추억의 물건과 그 내력을 알아둔다 _ 51

알아두기_ 가계도와 호칭

제2장 부모님의 돈에 대해 묻기

- 이야기 09 마음이 불편해도 유언장에 대해 상의한다 _ 62
- 이야기 10 유산에 대해 가족이 함께 의논한다 _ 68
- 이야기 11 가능하다면 부모님 생전에 재산을 물려받는다 _ 73
- 이야기 12 기회가 있을 때마다 부모님과 이야기를 나눈다 _ 78
- 이야기 13 부모님의 빚에 대해 파악해둔다 _ 83
- 이야기 14 부모님이 마련해둔 노후 대책에 대해 듣는다 _ 88
- 이야기 15 부모님의 재산관리 방법을 알아두자 _ 93
- 이야기 16 부모님의 주식거래에 대해 알아둔다 _ 98
- 이야기 17 인터넷상의 유산도 알아둬야 한다 _ 103

알아두기_ 유언장

제3장 부모님의 건강에 대해 묻기

- 이야기 18 부모님이 앓는 소소한 잔병에도 관심을 갖는다 _ 115
- 이야기 19 만일을 대비해 병력을 메모해둔다 _ 121
- 이야기 20 부모님의 단골 병원을 알아둔다 _ 126
- 이야기 21 부모님이 복용하는 약을 살펴보고 메모한다 _ 132
- 이야기 22 부모님의 하루 운동량을 체크한다 _ 136
- 이야기 23 부모님 스스로 건강 관리를 하시도록 권한다 _ 143

알아두기_ 가정간호제도

제4장 부모님의 병간호에 대해 묻기

- 이야기 24 어떻게 간호 받고 싶은지 묻는다 _ 155
- 이야기 25 '누구'에게 간호 받고 싶은지 묻는다 _ 161
- 이야기 26 연금이나 보험에 대해 미리 의논한다 _ 166
- 이야기 27 요양시설에 대해서 허물없이 이야기한다 _ 172
- 이야기 28 간호 서비스에 대해 의논한다 _ 177
- 이야기 29 틈틈이 건강 관리에 대해 의논한다 _ 182
- 이야기 30 집을 지내시기 편하게 돌봐 드린다 _ 189

알아두기_ 사전의료의향서

부모님 살아계실 적에

제5장 부모님의 죽음에 대해 묻기

이야기 31	불효라고 여기지 말고 임종에 대해 묻는다_ 200
이야기 32	부모님께 병명을 알고 싶으신지 묻는다_ 207
이야기 33	부모님과 치료 방침을 미리 정해둔다_ 212
이야기 34	거부감이 있는 치료 방법은 무엇인지 묻는다_ 217
이야기 35	연명 치료를 할지 묻는다_ 222
이야기 36	'죽음'에 대한 철학을 문서로 남기게 한다_ 228
이야기 37	집에서 임종하는 문제를 가족끼리 의논한다_ 233
이야기 38	살아계실 때 장례 절차에 대해 상의한다_ 237
이야기 39	부모님과 유품을 미리 정리한다_ 244

알아두기_ 사망신고 / 유족연금 청구 / 금융거래 조회 / 자동차 이전등록

이 세상 모든 자식들에게 꼭 필요한 구체적이고도 현실적인 조언

제1장

부모님의 역사에 대해 묻기

부모님의 직업과 유년 시절 이야기에 귀를 기울여보자.

　부모님의 어린 시절 이야기를 들어본 적이 있는가. 부모님의 친구 이야기는?

　당연한 이야기이지만 부모님에게도 부모가 있었고, 소년소녀 시절이 있었으며 친구도 있었을 것이다. 이 당연한 일상도 부모님이 돌아가시면 모두 사라진다. 지금 당장 바쁘다고 해서 부모님의 얘기를 듣지 않으면 부모님의 과거와 가족의 역사는 그대로 사라져 버린다.

　내 어머니는 9년 동안 병마와 싸우다가 돌아가셨다. 병명이 치매였던 터라 소소한 가족사라든지 친구들과의 추억 같은, 어머니의 역사라고 부를 만한 얘기를 거의 듣지 못하고 보내드릴 수밖에 없었다.

    그 아쉬움 때문에 아버지와는 대화를 많이 하겠다고 마음속으로 다짐했다. 거기엔 치매 방지라는 목적도 있었지만, 어머니 때처럼 아버지의 과거와 추억을 들을 기회를 잃고 싶지 않았기 때문이다.

    어머니를 보내드릴 때의 후회를 되풀이하지 않기 위해 아버지와 자주 이야기를 나눴다. 어렸을 적 이야기, 소년 시절, 어머니와의 결혼 후에 의사가 되고나서의 고생담, 친구와의 에피소드 등등.

    아버지는 1년 전에 돌아가셨는데 이야기를 많이 해두길 잘했다는 생각이 든다. 아버지가 돌아가신 것은 여전히 슬픈 일이지만, 가끔씩 아버지와의 대화를 떠올리는 것으로 위안을 삼곤 한다. 추억 속에서는 언제나 부모님을 만날 수 있기 때문이다.

이 야 기 **01**

부모님이
어떤 일을 해오셨는지 들어둔다

부모님에게 직업을 갖게 된 계기를 묻는다.

내 부모님 세대의 삶은 팍팍했다.

그들은 우리를 키우기 위해 많은 일을 해오셨다.

오늘, 부모님과 마주 앉아

"어떻게 살아오셨어요?"라고 물어보자.

내 부모님은 어떤 일을 하셨을까.

자영업을 하는 부모님이라면 일하는 뒷모습을 보아왔을지 모르지만 회사원이라면 좀처럼 알 수가 없다. 집에서 본 것이라고는 피곤에 찌든 모습이었을 테니 회사에서 어떤 일을 했는지 무슨 수로 알겠는가. 부모님이 회사에서 일하는 모습을 볼 기회도, 일에 대한 열정을 느낄 기회도 좀처럼 없었을 것이다.

내 아버지는 개인병원 의사로 집에서 병원을 꾸렸다. 그 때문에 밤늦게 누가 '똑똑' 하고 현관문을 두드리면 주무시다가도 벌떡 일어나셔야 했다. 나는 아버지의 그런 모습을 옆에서 보고 자랐다.

지금이야 대부분의 의사가 집과 병원이 분리된 공간에서 생활하니 한밤중에 문 두드리는 소리에 잠을 깨는 일은 없어졌다. 하지만 그때만해도 아버지는 거의 매일 밤 잠을 설치셨다.

의사도 몇 안 되는 지역이었기 때문에 진료소에는 하루에 100명도 넘는 환자들이 들락거렸다. 아버지는 피곤에 지쳐 주무시다가도 한밤중에 문을 두드리면 깨어나 환자를 진찰하는 일이 허다했다. 이런 아버지의 모습을 보고 자랐기 때문에 나는 의사라는 직업의 고단함과 아버지의 겸허한 의료 행위, 그리고 직업에 대한 성실성을 느낄 수 있었다.

이런 식으로라도 아버지의 일하는 모습을 지켜볼 수 있었던 나는 매우 운이 좋았다고 생각한다. 아버지가 회사원이었다면 아무리 회사에서 높은 지위에 있고 아무리 대단한 일을 한다고 해도, 가족들은 아버지의 모습을 지켜볼 수 없었을 것이다. 나와 같은 기회를 갖지 못한 사람이라면 부모님과 대화할 시간을 자주 갖고 지금까지 어떤 일을 해오셨는지 한번 차분하게 물어볼 필요가 있다고 생각한다.

직업의 종류를 떠나서 그동안 어떤 고생을 하셨는지, 언제 가장 힘드셨는지, 왜 그 일을 선택하셨는지, 어째서 그 일을 계속 이어가는지 등등. 부모님이 지금까지 먼저 이야기하지 않은 것들을 물어보자.

자녀의 직업 선택과 부모의 직업을 별개의 문제라고 생각할 수도 있겠지만 의외로 둘은 관계가 있다. 내가 의사가 된 것만 해도 그랬다. 아버지는 나를 사립대학교 의과대학에 입학시키기 위해 다니던 병원을 그만두고 개인병원을 차려 독립하기로 결심했다고 하셨다. 아들의 성적을 보았을 때 국립대학교 의과대학에 들어갈 만큼의 실력이 안 된다고 판단하셨기 때문이다.

그 판단은 매우 정확했다. 아버지의 판단이 아니었더라면 나는 절대로 의사가 되지 못했을 것이다. 이처럼 부모의 직업은 아이의 장래에 크게 영향을 미치기 마련이다.

부모 자식이 직업에 대해 대화하는 것은 결국 '나는 왜 이 자리에 있는가' 라는 질문에 대한 답을 끌어낸다. 이 질문은 살아가면서 내내 자신을 괴롭히는 것 중의 하나로, 열심히 사는 수많은 중년의 우리네를 어느 날 문득 멈춰 세운다. '지금까지 내가 무엇을 위해 이 일들을 짊어지고 왔으며, 얼마를 더 가야할지, 삶의 목적이 바른지, 과연 목적이 있었는지……' 이때 부모의 직업 이야기는 가슴으로 와 닿는다.

'어떻게 살아오셨어요?' 라는 질문에 대한 부모님의 답을 듣는 것만으로도 자신의 존재 이유를 깨닫게 된다. 굳이 말하지 않아도 부모님의 진심에 다가갈 수 있는 계기가 되기도 한다.

자, 지금 부모님의 직업에 대해 어떤 마음으로 그 일을 해오셨는지 물어보자.

이 야 기 02

아버지에게
집안의 내력에 대해 묻는다

증조부모님은 어떤 사람이셨을까?
족보가 있다면 아버지와 족보를 보면서
가문의 내력에 대해 알아두자.

누군가를 이해하는데

가장 중요한 통로는 그 사람의 부모님이다.

부모님에게 증조할아버지와 증조할머니에 대해 물어보자.

자라온 환경을 아는 것은 부모님을 이해하는데

중요한 키워드가 된다.

자신의 부모님의 부모님 즉, 조부모님의 이야기나 증조부모님에 대한 이야기를 들어보자. 부모님의 성장 과정을 알 수 있는 실마리가 될 것이다.

나는 아버지로부터 할아버지에 대해 이모저모를 들을 수 있었다. 하지만 증조할아버지와 증조할머니에 대한 이야기는 별로 듣지 못했다. 증조할머니가 작은 여관을 경영하셨다는 것 정도는 들어 알고 있지만 그것이 다였다.

아버지는 증조할머니의 손에 컸기 때문에 할아버지, 할머니와 함께 밥을 먹은 기억이 거의 없다고 말씀하셨다. 이 이야기를 들은 때는 아버지가 80세 정도 되셨을 무렵이었다. 항상 아버지가 집안에서 그리 따뜻한 사람은 아니라고 생각했는데, 그런 과거를 듣고나서야 비로소 아버지를 이해할 수 있었다.

조부모님까지야 생전에 뵈었을 수 있겠지만 그 위 증조부모님 세대는 이야기나 사진으로밖에 접할 수밖에 없다.

한 사람의 인간성을 실제로 파악할 수 있는 통로는 부모님뿐인지도 모른다. 내 뿌리를 찾는 단서이기도 한 증조할아버지와 증조할머니의 이야기도 부모님에게 물어보는 것은 어떨까. 될 수 있으면 사진을 옆에 두고서 말이다.

부모님의 어렸을 적 **교육** 환경이나 실제로 키워준 사람을 아는 것은 부모님을 이해하는 **데 중요한** 키워드가 될 것이다. 돌아가실 무렵이 되어서야 아버지의 성장 과정에 대한 이야기를 듣고 내가 비로소 아버지를 진짜 이해할 수 있었듯이 말이다.

지금 돌이켜보면 아버지는 무척 애를 쓰셨던 것 같다. 어릴 적에도 많은 대화를 나누지 않은 부자가 40여 년을 훌쩍 뛰어넘었다고 해서 대화하기가 자연스러울 리는 없었을 텐데 우리 부자는 의무적으로 서로 노력했다. 어머니처럼 아버지를 보내지 않으려는 나의 노력과 의무에 아버지는 성심껏 응해주신 것이다.

이제 한 아들이 자라 아버지가 되고, 어머니가 되었을 때는 이런 새로운 의무를 져야 한다. 이럴 때 집안 내력에 대한 얘기는 부모와의 대화를 자연스럽게 끌어내는 화제가 된다.

이 야 기 03

친척
관계를 확인해두자

당신이 모르는 친척에 대해 물어본다.

명절이나 결혼식 때나 만나는 친척들.

그냥 남과 다를 바 없다고 생각한 그들이 힘이 될 때가 있다.

같은 핏줄을 가졌다는 이유만으로도 든든한 사람들.

친척들이 누군지 알아놓자.

빙하기 시대, 아프리카 남단에 위치한 어느 동굴에서 몇만 년을 헤쳐온 인류가 있었다. 혹독한 시기를 견뎌내느라 생존자가 몇천여 명으로 많이 줄어들었지만 거기서 끝까지 살아남은 인류 덕택에 지금 우리들이 존재하는 것이다.

이렇듯 우리들은 선조로부터 맥맥이 이어져 내려왔다. 결코 홀로 존재한 것이 아니라 과거와 끊임없이 유대를 맺으며 살아온 것이다. 부모, 형제, 친척의 관계를 생각하는 것은 장대한 인류의 역사 속에서 사소한 일일지도 모르지만 자신의 존재 이유를 알 수 있는 중요한 일이기도 하다.

친척이라면 가까운 친척부터 먼 친척까지 다양한 인척 관계인 사람들을 가리킨다. 촌수로 따지면 가까우나 거의 왕래를 하지 않는 친척도 있을 것이고, 촌수는 좀 멀지만 부모님에게 중요한 친척도 있을 것이다. 부모님이 알고 있는 친척을 적어두고 자신과의 촌수를 조사해보는 것도 좋다. 부모님 외에는 모르는 먼 친척도 주위에 많을 것이다. 그런 이들을 지금부터라도 알아두자.

친척이라는 인맥이 언제 어떻게 일에 도움이 될지 모르는 일이거니와 나중에 친척의 직업을 듣고 놀라는 일도 없을 것이다. 그리고 무엇보다 부모님이 갑자기 돌아가셨을 때 연락하기가 수월할 것이다.

이 야 기 04

전쟁 때 겪은
부모님의 고생담을 들어두자

만일 부모님이 한국전쟁 이전에 태어나셨다면,
그때 어디서 무엇을 하고 계셨는지 물어본다.

전쟁은 살아오면서 겪은 최대의 공포일 것이다.

그 시대를 살아낸 것만으로도

부모님은 영웅이라 불러드릴 만하다.

전쟁의 참상과 팍팍했던 그 시절의 이야기를 들어보자.

80세를 넘은 노인에게 전쟁이란 인생에서 얻은 가장 커다란 유산이 아닐까. 전쟁 중에 무엇을 했는지, 또는 전쟁이 끝났을때 어디에 있었는지가 강렬한 낙인처럼 머릿속에 남아 있을 것이다.

외래 환자로 왕래하는 어르신에게 전쟁 당시의 일을 여쭤보면 평상시엔 말수가 적던 양반이 적극적으로 전쟁 경험담을 늘어놓곤 하시는 모습을 볼 수 있었다.

전쟁을 부정적인 기억으로 치부하기 십상이지만 부모님에게는 인생의 항로를 바꾼 엄청난 전환점이었을 수 있고, 자식들에게는 그런 위기 상황에서 살아남았다는 사실만으로도 부모님에게 존경심을 갖게 될 수도 있다.

내 아버지로 말할 것 같으면 종전이 되었을 때 의과대학 학생이었다. 아버지의 아버지, 그러니까 내 할아버지는 아들을 의사로 만들면 전쟁터에 보내지 않아도 된다고 판단하신 모양이다.

그 판단은 옳았을지도 모른다. 동급생들이 격전지에서 목숨을 잃은 반면에, 아버지는 끝내 전쟁터에 나가지 않은 채 종전을 맞이했기 때문이다.

과거의 괴로운 경험을 묻는 것 또한 우리 세대가 짊어지고 나가야 할 의무이다. 앞으로 40여 년이 지나면 실제로 전쟁을 겪은 사람들이

거의 사라진다. 그러니 적어도 자신의 부모님에게 만큼은 전쟁 때의 일을 물어 보길 바란다.

이 야 기 **05**

부모님과
함께 사진첩을 본다

틈틈이 부모님 사진을 찍자.
그리고 사진을 인화해서 부모님께 선물하자.

남는 것은 사진뿐이라는 말이 있다.

카메라는 좋은 풍경만 찍으라고 있는 것이 아니다.

카메라만 보면 손사래를 치실지 모르지만, 시간 날 때마다

부모님의 살아가는 모습을 사진에 담아보자.

사진첩 속 사진에 이 사람의 이름은 뭐고 저 사람의 이름은 뭐라고 적어놓는 경우는 거의 없다. 부모님의 사진첩도 마찬가지다.

부모님이 건강하실 때 함께 앨범을 보면서 사진 속 인물의 이름과 관계를 묻고 앨범에 메모를 해두는 것은 어떨까.

부모님이 돌아가시면 사진 속 인물의 이름을 찾는다는 게 여간 어려운 일이 아니다. 그러니 사진첩을 보고 누가 누구인지 한번 확인해 두는 일도 꽤 의미 있는 일이 될 것이다.

사진첩에는 사람뿐 아니라 옛날에 살던 집이 찍혀 있을지도 모른다. 유서 깊은 건물과 과거에 여행했던 장소도 부모님의 삶의 자취를 더듬어 갈 수 있는 중요한 단서가 될 것이다.

이처럼 일상적인 것들을 잡아두기 위해 노력하지 않으면 부모님의 역사는 부모님의 기억 속에서만 존재하다가 사라져버린다. 사진첩을 펼쳐 보며 개인적인 정보를 교환하는 것은 부모님이 자신의 존재를 재확인할 수 있는 기회가 되어 삶의 의의와 인생의 가치를 발견하는 계기가 될 수도 있다.

자식의 입장에서도 부모님에게 젊은 시절이 있었음을 사진을 통해 확인하는 일은 특별한 감동이 될 것이다. 하지만 요즘에는 한 가지 번거로운 문제가 있다. 바로 디지털카메라의 사용이다. 이 때문에 필름을 현

제1장_ 부모님의 역사에 대해 묻기 39

●
앞으로 나란히. 초등학교의 예비소집일 풍경입니다. 아이들을 지켜보는 엄마들은 걱정스럽고, 손주를 데리고 나온 할아버지는 애처로운 표정입니다. 초등학교를 간신히 마쳤다던 아버지의 말씀과 함께 예쁜 옷으로 차려입은 아이들의 모습이 겹쳐지면서 회한과 그리움이 교차합니다. 그래도 아버지도 아이들도 시작은 이와 같이 희망찼을 테지요.

상하거나 인화하는 일이 없어졌다. 사진첩에 모아 정리하고 기록할 사진이 없어진 것이다. 디지털카메라는 편리하기는 하지만 영원하지 않다. 시디롬(CD-ROM)이나 메모리(SD)카드의 기록은 오랜 세월이 지나면 소멸될 수도 있다. 영원히 남을 정보가 아닌 것이다.

휴대폰으로 찍은 사진이야 더 말할 나위 없다. 훗날 부모님을 추억하기 위해 컴퓨터를 켜고 시디롬을 찾아 넣고 클릭하며 보기는 힘들다. 왜 나이가 들수록 기계와는 멀어지지 않던가.

한 장 한 장 넘겨가며 볼 수 있는 사진으로 뽑아두는 편이 확실하지 않을까.

이 야 기 06

부모님의
친구에 대해서도 신경을 쓴다

부모님에게 전화목록이 있는지 알아보고,
평소 부모님과 친한 친구분에 대해 물어보자.

자녀의 어릴 적 친구 이름을 알고 계신

부모님 때문에 놀란 기억이 있다. 그런데 자녀는

부모님 친구분들을 모르고 있는 경우가 대부분이다.

가장 친한 분이 누군지? 부모님과 어떤 추억이 있는지?

미리 알아놓으면 어떨까?

친척과의 유대 관계도 부모님이 돌아가시면 대부분 소원해지기 마련이다. 더욱이 친구 관계라면 부모님이 돌아가시고 난 후 어떤 일로 신세를 졌는지, 어떻게 신세를 갚아야 할지 알 도리가 없다. 부모님에게 어떤 친구가 있는지 이 기회에 물어보자.

내 어머니는 아버지와는 달리 친구가 많은 사교적인 성격이셨다. 항상 많은 사람들에게 둘러싸여 유쾌하게 지내셨다. 그러나 어머니가 몸져누우시자 얼굴을 비추기가 껄끄러웠는지 친구분들은 거의 발길을 끊으셨다. 어머니의 성치 못한 모습을 보는 게 마음이 아프셨기 때문이겠지만, 문안을 오셔도 이야기를 나눌 수 없기 때문에 오시기 거북했을 것이다.

어머니의 친구분들도 이제 다들 고령이시라 이미 돌아가신 분이 계실지도 모르겠다. 어머니가 돌아가시고 나서는 어머니의 친구들에 대한 기억이 점점 희미해져서 성함과 어머니와의 관계가 기억나지 않았다. 더이상 알아볼 도리가 없는 지금은 어머니가 살아계실 때 꼼꼼히 알아두는 게 좋았을 텐데 하고 뒤늦게 후회할 뿐이다.

새해에 부모님 앞으로 온 연하장을 보면서 이야기해 보는 것도 좋을 것이다. 연하장 주소록에 부모님과 어떤 사이인지 적어두면 나중에라도 도움이 될 것이다. 그렇지만 요즘은 연하장으로 서로의 안부를 전

하는 일이 드물다. 우리 부모님들에게 오는 연하장이야 기껏해야 부모님을 고객으로 맞은 곳에서 전하는 감사편지 정도이다.

가장 현실적으로 부모님의 주변 인물을 알 수 있는 것은 각종 '초대장'이다. 성함, 주소, 연락처를 모두 담고 있는 초대장을 부모님과 함께 정리하고, 부모님이 속해 있는 여러 친목모임도 정리해두자.

청첩장을 비롯한 각종 초대장은 부모님이 갑자기 돌아가셨을 때 연락할 수 있는 주요 정보가 될뿐더러 이를 통해 부모님의 친구를 알아두는 것은 자식의 입장에서도 흥미로운 일이다.

이 야 기 07

부모님의
유년 시절에대한 추억을 듣는다

부모님의 유년 시절과 꿈에 대해 물어본다.

부모님의 초등학교 시절 이야기를 듣는 일은

꽤 흥미진진하다. 재미난 이야기들이

부모님의 삶 속에 오롯이 들어있다. 그래서

내 얘기를 글로 쓰면 소설이 된다고 하시는지도.

부모님의 초등학교 시절 이야기를 듣는 일은 꽤 흥미진진하다. 대개 그 무렵의 기억은 아무리 나이가 들더라도 추억 속에 선명하게 남는다. 사람이란 자신이 빛을 발하기 시작했을 때의 기억을 쉽사리 잊지 못하는 법이다.

유명 인사가 아니라면 자신의 인생을 사람들 앞에서 펼쳐보일 기회는 좀처럼 오지 않는다. 그래서 나는 일부러 부모님을 채근해서 그 시절의 이야기를 들으려고 했다.

내 어머니는 자신의 어린 시절 이야기를 별로 하지 않았다. 아니, 하지 않았다기보다 그때는 내가 그다지 관심을 갖고 물어보지 않았다는 게 맞는 말이다.

어머니는 시골에서 큰 농사를 하는 집안의 장녀로 태어나서인지 조금 기가 센 편이셨다. 여학생 시절, 손을 들면 달리던 열차가 멈춰 섰다고 자랑삼아 말씀하시곤 했던 걸로 봐서 주위에 적지 않은 영향력을 미치는 존재였던 것 같다.

어머니는 64세에 쓰러지신 뒤 내내 자리보전하셨기 때문에 예전 이야기를 더 들을 기회가 별로 없었는데, 그것이 못내 아쉽다. 하지만 아버지와는 돌아가시기 10여 년 전부터, 아침마다 단 둘이 이런저런 이야기를 할 시간을 내려고 노력했기 때문에 유년 시절과 초보 의사 때의

이야기를 자주 들을 수 있었다.

　나는 아버지가 병치레가 잦아서 운동을 못했을 거라고 생각했다. 하지만 소년 시절에는 발이 빨라서 학교운동회에서 매번 1등을 했다는 이야기를 들으면서 나도 모르게 미소를 짓기도 했다. 이야기를 하고 있는 아버지도 즐거운 한때를 떠올림으로써 뇌 속에서 도파민이 분비되어 행복한 기분이었을 것이다. 기억을 자극하는 것은 뇌의 활성화로 이어지기 때문에 부모님의 천진난만했던 유년 시절 이야기를 들어드리는 것은 건강에 도움이 된다.

　그렇게 즐거운 추억은 떠올리는 것만으로도 의미가 있다. 서글픈 일이지만 나이가 들면 들수록 기분 좋은 순간은 줄어들기 마련이다. 그러므로 즐거운 순간을 회상하는 것은 뇌에 아주 좋은 자극이 된다. 또한 자녀에게 이야기하기 위해 과거의 기억을 떠올리는 것은 부모가 지금껏 살아온 자신의 인생을 돌아볼 기회가 되기도 한다.

이 야 기 08

추억의 물건과
그 내력을 알아둔다

부모님이 소중히 여기는 물건은 무엇인지,
왜 귀중하게 아끼시는지 연유를 물어보자.

부모님에게도 소중한 보물이 있기 마련이다.

시집 오면서 받은 비녀,

내가 갓난아이였을 때 입었던 배냇저고리.

부모님의 추억이 가득 담긴 소중한 물건들과

거기에 얽힌 이야기를 들어보자.

부모님이 소중히 여기는 물건이 있다면 거기에 얽힌 사연을 들어보는 것이 어떨까.

아버지는 내가 어렸을 적부터 줄곧 낡은 접이식 주름상자형 카메라를 애용하셨다. 피사체와의 거리를 직접 보폭으로 재서 카메라를 세팅하시던 모습이 지금도 기억난다.

그런데 최근에 아버지의 오래된 카메라를 감정해 봤더니 결코 고급이라고 할 수 없는, 낡은 독일제 싸구려 물건이었다. 이 오래된 카메라는 아버지에게서 기원한 물건이 아니었다. 아버지의 아버지 즉, 할아버지의 것을 아버지가 물려받아 고풍스럽게 사용하셨던 것이다. 아버지가 애지중지한 낡은 접이식 주름상자형 카메라는 할아버지가 군대에 갔을 때 갖고 다니시던 물건으로 카메라의 가죽 케이스에 할아버지의 이름도 새겨져 있다.

할아버지는 치과의사였기 때문에 진료에 필요한 여러 가지 기구가 있었지만 지금까지 남아 있는 것은 겨우 할아버지 성함을 새긴 커다란 대리석 간판과 치료 기구를 넣어두던 큼지막한 수납장뿐이다. 하지만 그런 물건뿐이라도 존재하는 의미는 몹시 크다.

아버지가 간판이나 수납장을 여전히 보관하고, 접이식 주름상자형 카메라를 고수했던 것은 부모님에 대한 그리움이었던 것이다. 이것을 다음 세대에 전하면 또다시 자녀들의 정신적인 유산이 되기도 한다. 아버지

는 나에게 아버지의 손길을 더한 할아버지의 유품을 전하고 싶으셨던 것일까?

　아버지가 소중히 여기던 물건의 의미를 아는 것은, 아버지에 대한 기억을 남겨두는데 있어 중요하다.

　어머니를 생각하면 떠오르는 것이 있다. 아버지의 병원 일을 돕지 않아도 되면서부터 어머니는 한지로 하는 종이공작을 시작하시더니 한 장 한 장 정성을 기울여 종이공작 연하장을 만드셨다.

　어머니는 뭔가를 만들 때는 굉장히 꼼꼼하셨지만 물건을 살 때는 뭐든 한꺼번에 많이 사들이시는 편이었다. 그렇게 손이 큰 어머니가 돌아가시자 가장 먼저 유품으로 발견한 것이 엄청난 양의 레이스 옷감이었다.

　내가 초등학교 때 아버지는 방직 공장의 진료소에서 근무하셨다. 그 방직 공장에서는 레이스 옷감을 만들고 있었고, 요즘 말로 하면 '아울렛 상품'을 직원에게 싸게 판매했다.

　어머니는 아버지가 그 진료소를 그만두신 후에도 그곳에서 변함없이 레이스 옷감을 넉넉히 사서 자신의 옷을 직접 지어 입곤 하셨다. 어머니가 돌아가신 뒤 엄청난 양의 옷감을 보고 있자니 참 어머니답다는 생각이 들었다. 그 옷감을 볼 때마다 어머니가 그것으로 뭘 만들고 싶어 하셨는지 물어보았을 걸 하는 때늦은 후회가 들곤 한다.

알아두기

가계도와 호칭

부부는 무촌이라 부른다. 촌수가 없다는 것은 그만큼 가깝다는 말도 되지만, 돌아서면 남남이 될 수도 있다는 뜻도 담고 있다. 핏줄을 같이하는 혈연끼리는 촌수로 연결되어 돈독한 관계를 유지한다. 또한 어려운 일이 닥쳤을 때, 힘이 되는 것 역시 촌수로 연결되어 있는 친척들이다. 친척에 대해 알아두면 집안에 경조사가 생겼을 때 도움을 주고받을 수 있다. 그래서 친척들이 어떻게 나와 연결되어 있고, 그들의 호칭이 어떻게 되는지 미리 알아두는 것이 좋다.

또한 시대가 변하면서 삶의 속도도 빨라졌다. 가족은 더욱 작은 단위로 쪼개졌고, 친척간의 만남은 경조사에서 잠깐 얼굴을 보는 것이 전부가 되어 버렸다. 그러다보니 갑자기 만나게 된 집안 어른을 어떻게 불러야 할지 몰라 당황했던 경험은 누구나 있을 것이다. 집안 어른들의 호칭 정도는 기억해둬야 실수를 하지 않는다.

집안 호칭

호칭	관계	호칭	관계
증조할아버지	할아버지의 아버지	재종형제	당숙의 아들
증조할머니	할아버지의 어머니	형수	형의 부인
고조할아버지	증조할아버지의 아버지	제수	아우의 아내
고조할머니	증조할아버지의 어머니	매형	누이의 남편
당숙	아버지의 사촌형제	매제	누이동생의 남편
당숙모	아버지 사촌의 부인	조카	형, 아우의 아들 딸
재당숙	아버지의 육촌형제	조카며느리	조카의 아내
당숙모	아버지 육촌의 부인	당질	사촌의 아들
종형제	아버지의 조카	당질부	사촌아들의 아내
종수	아버지의 조카 며느리	종손	조카의 아들

제1장_ 부모님의 역사에 대해 묻기 57

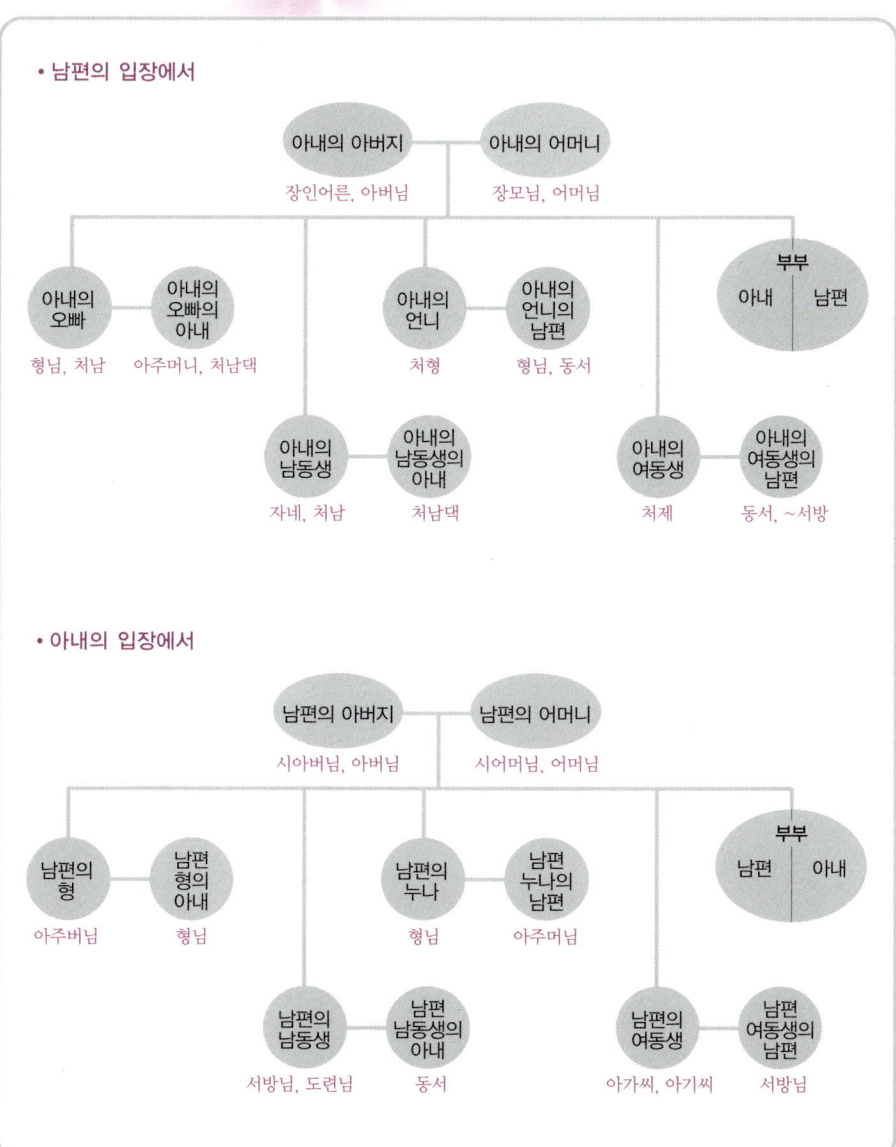

이 세상 모든 자식들에게 꼭 필요한 구체적이고도 현실적인 조언

제2장

부모님의
돈에 대해
묻기

돈에 대해 묻는 것은 부모님을 위한 길이기도 하다.

부모 자식 간에도 돈에 관한 문제는 종종 발생한다. 특히 유산상속 분쟁이라도 발생할 때면 문제는 더욱 복잡해진다.

자기 생활을 꾸리느라 바빠지면 부모님의 재산에 대해서는 별로 신경 쓸 겨를이 없다. 경우에 따라서는 부모님의 재산에 기대어 살고 싶지 않다고 독립적으로 생각하고 있을지도 모른다.

"부모님에게 돈에 대해 꼬치꼬치 물어보기가 거북하다"고 하는 사람도 있을 것이다. 그러나 재산문제는 부모님이 돌아가시고 나면 커다란 숙제로 남는다.

따라서 부모님이 건강하실 때 돈에 대해 묻고 명확하게 해둘 필요가 있다.

　대부분의 부모들은 자신의 재산을 자식들에게 일일이 알리고 싶어 하지 않는다. 그래서 "어차피 우리 집에는 재산 같은 건 한 푼도 없으니까"라고 지레짐작하는 사람도 많다.

　하지만 재산이 많고 적고를 떠나서 누가 어떻게 부모님의 재산을 분배할 것인지 미리 정해두어야 나중에 큰 문제가 발생하지 않는다.

　부모님의 의사가 충분히 반영되면 정말 이상적이겠지만 부모님이 돌아가신 후 당신들이 바라시던 바와는 달리 자식들끼리의 법정 싸움으로까지 번지는 경우도 드물지 않다.

　이런 험한 꼴을 당하지 않으려면 부모님이 살아계시는 동안에 돈 문제를 미리 상의하는 편이 좋다.

　내 경우에는 이런 생각을 아버지에게 충분히 설명한 후에 유언장을 받았다. 지금 생각하면 미리 의논하고 유언장을 받은 것이 다행이었다.

이 야 기 **09**

마음이 불편해도
유언장에 대해 상의한다

유언장에 대해 상의하고 부모님의 생각을 들어보자.

미리 유언장을 받는 것이 죄스러운 일일지 모른다.

이는 유언장을 쓰는 사람이나 받는 사람이나

마음이 불편해지는 일이다.

하지만 그 불편함 때문에 일을 미루면

나중에 어려움이 되는 경우가 대부분이다.

유언장을 남기는 것은 부모가 사망한 후 남은 자식들의 의미 없는 재산 분쟁을 방지하고 부모의 의사를 정확히 전달하는 데에 중요한 의미가 있다. 하지만 유언장은 자신의 죽음을 먼저 받아들인 뒤에야 쓸 수 있기 때문에 쉽게 작성하기는 어렵다.

나는 매주 서너 번 정도 진료를 시작하기 전에 아버지와 이것저것 이야기를 나누곤 했는데 그때마다 틈틈이 유언장을 확실히 써두시라고 말씀드렸다.

아버지의 건강 상태가 점점 악화되고 자택요양으로는 더 이상 손을 쓸 수가 없어 병원에 입원하게 된 날, 나는 확인할 요량으로 이렇게 물었다.

"아버지, 유언장은 써두셨죠?"
"아니, 아직……."
"……."
"지금이라도 늦지 않았으니 쓰세요."

나는 순간 당황했다. 그 무렵에는 아버지의 상태가 다시는 집으로 돌아오시지 못할 정도로 악화되고 있었기 때문이다. 그동안 누우이 아버지에게 유언장의 필요성에 대해 말씀드렸는데도 불구하고 유언장을 작성하지 않으셨다니…….

할 수 없이 내가 스케치북을 뜯어서 건네드리자 아버지는 매직으로 유언장을 쓰신 후, 도장을 찍고 날짜를 적는 것으로 겨우 마무리를 하셨다.

유언장이라는 것이 작성하는 이에게 엄청난 스트레스를 안겨주는 일인데 꼭 이렇게까지 해서 유언장을 받아야만 했을까 하고 생각하는 사람이 있을 것이다. 말하건대 이는 나로서도 무척 불편한 것이었으며, 당황스런 일이었다.

스케치북에 유언장을 받은 후, 입원했던 아버지의 상태가 조금 호전되자 우리는 입회인을 두고 정식으로 유언장을 작성하는 것이 어떻겠냐고 조언했다. 그래서 병실에서 유언장을 다시, 정식으로 만들기로 했다. 이번에는 법무사와 공증인사무실에서 부른 입회인도 참관했다.

말이 유언장 작성이지 이미 완성된 문장을 재확인하는 일이었다. 귀가 어두워진 아버지에게 직접 작성하신 유언장 내용을 큰 소리로 들려드리면서 하나하나 확인해야 했다.

그러자 같은 병실에 있는 다른 환자들에게서 "조용히 해달라"는 요청이 들어왔다. 당시에는 1인실 자리가 없었기 때문에 아버지는 일반

병실에 입원할 수밖에 없었다. 피치 못하게 다른 환자가 있는 병실에서 유언장을 작성하는 결례를 범하고 말았지만, 나 자신도 설마 병실에서 유언장을 작성하게 되리라고는 꿈에도 생각하지 못했다.

아버지가 좀 더 건강하셨을 때 유언장을 만들었으면 그렇게 법석을 떨지 않아도 되었을 텐데 하는 아쉬움이 있다. 하지만 그나마라도 만들 여유가 있었던 게 다행이었다고 생각한다.

"유언장을 써두자"고 말하는 것이 쉽지 않음을 안다. 어렵고 불편하다. 행여 부모님의 재산을 탐하는 것처럼 보여 자식 입장에서도 언짢다. 더욱이 부모님이 건강하실 때 자식이 유언장을 언급하면 괘씸한 행동으로 여길 수도 있다. 그러나 큰일 끝에 분란을 겪는 것보다 미리 조율하고 이해하려는 시간을 갖는 것이 더 좋다.

이 야 기 10

유산에
대해 가족이 함께 의논한다

형제간에도 유산 문제에 대해 미리미리 상의해두자.

유산으로 아귀다툼을 하는 일은 남의 일이 아니다.

부모님 살아계실 때,

재산은 어떻게 나누는 것이 좋을지 이야기를 나눠보자.

돌아가신 후 돈 문제로 다투는 건

부모님이 원치 않는 일이다.

IV **부모님의** 의사를 담은 유언장이 있으면 그 유언장의 효력이 절대적이라고 굳게 믿는 사람이 있을지도 모르겠다.

그러나 이것은 잘못된 생각이다. 민법에 '유류분제도'라는 조항이 있는데, 이 제도는 특정 상속인에게 모든 재산이 몰리는 것을 방지하기 위한 것으로 법에 따라 형제는 어느 정도 일정한 비율로 유산을 상속받을 권리를 부여한다.

예를 들어 아들만 둘을 둔 아버지가 장남에게 재산을 남겨주기 싫어서 "모든 재산을 차남에게 상속한다"고 유언장을 작성한다고 해도 그 내용 그대로 실행되기는 어렵다. 이 경우 상속받아야 할 재산 중에서 1/2은 유류분으로 받을 수 있는 권리가 장남에게도 보장되어 있다. 즉, 유언장에 "모든 재산을 차남에게 상속한다"고 적어도 장남은 재산의 일부분을 상속받을 수 있다는 뜻이다.

이 때문에 유언장에 언급되지 않은 자식이라고 해도 똑같이 유산을 청구할 권리가 있기 때문에 형제끼리의 재산 싸움이 과격해지는 경우가 많다.

물론 형제간에 미리 의논해서 부모님을 모시지 않은 쪽이 덜 상속받기로 약속할 수도 있다. 하지만 미처 합의하지 못한 채 부모님을 여의고 나면, 부모님 사후에 법정 싸움으로까지 번지는 경우가 많다. 법

제2장_ 부모님의 돈에 대해 묻기 71

정까지 가서 형제간에 싸우는 집안 망신을 미연에 방지하기 위해서라도 부모님이 살아계신 동안에 부모 형제와 함께 상의하도록 하자.

 물려받을 것이나 있는 집의 얘기려니 했다가, 막상 부모님이 사망하고 난 후 '조의금을 어떻게 할 것이냐?'는 것으로도 분란이 일어나는 집을 여럿 보았다. 축하할 자리나, 가족여행을 떠났을 때 이야기를 나눠보자. 부모님에 대한 이야기는 무엇이든지 기분 좋을 때 하는 것이 최고다.

이 야 기 11

가능하다면 부모님 생전에 재산을 물려받는다

부모님 살아계실 때 증여에 대해 미리 상의한다.

생전 증여는 자식들이 돈을 어디에 쓰는지

알 수 있다는 장점이 있다.

혹시라도 사후에 자녀들이 돈 문제로

싸우는 것이 걱정되는 부모들은

이렇게 생전 증여를 택하기도 한다.

부모님과 자주 이야기를 나누면서

그럴 의사가 있는지 확인해보자.

앞에서도 언급했듯이 부모님의 의사를 명확히 듣고 유언장을 받아두는 것이 형제간의 싸움을 피하는 좋은 방법이다. 그러기도 전에 부모님이 세상을 떠난다면 부모님의 본심이 무엇인지 알 도리가 없지만……

부모님의 의사를 정확히 듣고 기록하는 것도 중요하지만 형제끼리 미리미리 상의해두는 것도 그에 못지않게 중요하다. 하지만 실제로 닥치지도 않은 일을 미리 의논하려고 형제들이 일부러 만나기란 여간 어려운 일이 아니다.

형제간에 사이가 좋아 자주 만난다면 문제가 없겠지만 그럴 기회가 별로 없다면 그 문제에 대한 결론을 내는 일은 계속 지체되고 만다. 이럴 때는 결혼식장이나 장례식장에서 형제들이 모일 기회가 있을 때, 별도로 시간을 내서 상의하는 것도 좋은 방법이다.

만약 유산 상속에 대한 상의가 힘들면 '생전 증여'를 생각해 보는 것도 좋은 방법이다. 생전 증여는 부모님의 의사에 따라 유산을 확실히 분배할 수 있는 방법이다. 내가 아는 동료 의사 중에는 생전 증여의 방법으로 미리 유산을 상속받아 병원을 지은 사람도 있다.

이렇게 증여를 미리하면 부모님은 자식이 유산을 어디에 어떻게 사용했는지 알 수 있다는 의미에서 만족도도 높다.

이를 꼭 돈 문제로만 볼 필요는 없다. 생전 증여를 하면 부모님의 의사가 자식에게 얼마나 반영되는지 알 수 있다는 면을 고려하면 생전 증여에는 정신적인 유산 상속의 측면이 있음을 알게 된다.

하지만 뭐니 뭐니 해도 부모님이 살아계신 동안에 자식들이 얼굴을 자주 비치는 것, 그것이 부모님을 위한 최고의 효도일 것이다.

이 야 기 12

기회가 있을 때마다
부모님과 이야기를 나눈다

부모님과 허물없이 소통할 수 있는 관계를 만들자.

돈 몇 푼으로 할 도리를 다했다고
생각하는 경우가 많다. 하지만 진정한 효도는
부모님 곁에서 말벗이 되어드리는 일이다.
자주 연락을 드리고 안부를 물어서
든든한 자식들이 부모님 곁에
있다는 사실을 알려드려야 한다.

갑자기 부모님에게 재산에 대해 물으면 부모의 재산을 노리고 있는 게 아닌가 하는 오해를 받을지도 모른다. 그게 싫어서 끝내 묻기를 포기하는 사람들도 많을 것이다.

그러나 상속 문제로 나중에 더 곤란한 일을 겪고 싶지 않다면 이 일을 분명히 해두는 것이 매우 중요하다. 만일 평소에도 부모 자식 간에 충분한 대화가 이루어지고 있다면 이런 대화가 그리 큰 문제가 되지는 않는다.

그런데 부모님과 소원하다면 상속 문제는 훈훈하게 대화할 소재가 못 된다. 그러면 어떻게 해야 할까?

내 친구 중에 한 사람은 예전에 아버지에게 재산에 대해 한 번 물어봤다가 그 뒤로는 미처 상의할 기회를 갖지 못했다. 그 친구는 아버지에게 간병인이 있다는 사실을 알고 있었지만, 간병인 아주머니와 자주 연락을 하는 것도 아니어서 아버지의 건강 상태가 악화되는 상황을 미처 자세히 알지 못했다.

그런데 아버지가 돌아가시고 난 후 아버지의 집에 가 보니 장식장에는 값비싼 골동품 대신 노인용 기저귀만 한가득 쌓여 있었다고 한다. 더욱 기가 막히는 건 아버지의 통장 잔고가 달랑 몇 백만 원뿐이라는 사실이었다.

왜 이런 일이 벌어졌을까. 친구의 아버지는 예전부터 치매를 앓았다고 한다. 친구도 그 정도까지는 알고 있었지만 병이 어느 정도 진행되었는지는 몰랐다. 그런데 아버지를 간병한 아주머니가 아버지의 병세를 이용해 돈을 몽땅 인출해 써버린 것이다.

친구는 아버지에게 무심했기 때문에 아버지가 간병인의 그런 행동을 제어하지 못할 정도로 심각한 줄은 몰랐던 것 같다. 그 전에는 아버지에게 어느 정도 재산이 남아 있다고 들었기 때문에 안심하고 있었는데 아버지와 소원해지고 난 후부터 티가 나지 않게 조금씩 돈이 줄어들어서 전혀 눈치를 채지 못했던 것이다. 유일하게 남은 것은 아버지 명의로 된 집 한 채뿐이라고 했다.

부모와 자식 간에 대화가 부족하니까 이런 불미스러운 일이 발생하는 것이다. 따라서 재산 문제도 서로 터놓고 상의할 수 있는 관계를 만들어 가는 것이 중요하다. 그것이 부모님의 재산을 지키는 진정한 길이다.

이 야 기 13

부모님의
빚에 대해 파악해둔다

주택대출금을 포함한 부모님의 빚에 대해 물어본다.

물려받는 것은 재산만이 아니다.

어쩔 수 없이 물려받는 빚도 유산이다.

갑작스럽게 물려받은 나도 모르는 빚 때문에 난감해질 수 있다.

부모님에게 어디서 얼마큼의 돈을 빌렸는지,

미리 확인하고 갚을 방법도 알아두자.

재산이라고 할 수 없는 '빚'도 중요한 문제다. 부모님의 빚을 물려받고 싶지 않아서 어쩔 수 없이 상속을 아예 포기하는 경우도 있다. 그런 의미에서 빚도 상속과 밀접한 관계를 갖는다. 재산이 있다고 해도 빚이 많으면 남는 재산이 줄어들게 마련이기 때문이다.

때로는 상속세에 대한 대책으로 일부러 빚을 남기는 경우도 있다. 재산에서 빚을 차감한 뒤에 상속세가 정해지기 때문에 재산이 많더라도 빚이 있으면 세금을 줄이는 유용한 수단이 되기도 한다.

부모님의 집을 물려받는 경우라면 서류로 확인을 해두어야 할 사항이 많다. 특히, 대출을 받아 집을 구입한 경우에는 달마다 어느 정도 갚아야 하는지 대출금에 관한 서류를 알아둘 필요가 있다. 특히 주택대출금은 금액이 크기 때문에 어느 정도 상환금이 남았는지 알고 있어야 한다. 그래야 부모님이 돌아가셨을 때 그대로 주택대출금을 넘겨받을지, 아니면 다른 재산을 팔아 대출금을 청산해야 할지 판단을 할 수 있다.

하지만 무엇보다 대출금을 갚을 수 있는 만큼의 경제적인 여력이 뒷받침되어야 한다. 그럴 만한 여력이 있다면 부모님이 사시던 주택의 대출금이 남아 있더라도 결과적으로 내 자산은 늘어나게 된다.

어떤 방법을 선택하든 우선 대출금을 포함해서 부모님의 빚이 얼마나 있는지 반드시 미리 물어봐야 한다.

이 야 기 **14**

부모님이 마련해둔
노후 대책에 대해 듣는다

부모님이 들어놓은 보험을 알아두자.

보험은 만약을 대비해 준비하는 것이다.

하지만 부모님이 어떤 보험을 가입해 두었는지

알고 있어야 만약에 대비할 수 있다.

나중에 허둥대는 일이 생길 수 있으니

미리 부모님의 보험 정보를 확인해두자.

▨　**가입을** 권유할 때는 열심이어도 정작 불미스러운 일이 생기면 이런저런 구실을 대면서 보험금을 지급하지 않는 곳이 바로 보험회사다.

　　무슨 일이 생겼을 때 보험회사에서 먼저 알고 연락할 리 없으므로 보험금 청구를 할 수 있는 사람은 가입한 당사자뿐이다. 그래서 자칫 잘못하면 자격이 충분한데도 보험금을 수령하지 못하는 불상사가 생길 수도 있다. 물론 부모님이 자식을 위해 들었던 보험이라면 그것을 물려받는 게 부모님의 뜻을 잇는 길이다.

　　나는 아버지와 생전에 생명보험 문제를 상의했기 때문에 아버지가 가입한 생명보험회사를 알고 있었고 보험증을 본 적도 있다. 하지만 아버지가 돌아가시고 난 후에 이것저것 서류를 정리하다가 아버지가 내게 말하지 않은 다른 생명보험이 또 있다는 것을 알게 되었다. 아버지도 다른 생명보험에 가입했다는 사실을 완전히 잊어버리고 계셨던 것 같다. 내가 그 보험회사에 전화를 해서 문의를 하자 그제야 보험금이 지급된다는 답을 들을 수 있었다.

　　이런 경우도 있으므로 부모님이 돌아가시기 전에 어떤 보험에 가입했는지 자세히 알아두고 보험증이 어디에 있는지도 확인해둘 필요가 있다.

　　만일 교통사고나 여행 중에 사망하면 카드회사의 보험금이 지급되

제2장_ 부모님의 돈에 대해 묻기 91

○
1960년대의 만화방. 교복 단추를 풀어 헤치거나 아예 교복을 벗어 던진 까까머리 중학생들이 만화책에 푹 빠졌습니다. 핫도그와 번데기의 유혹을 참는 것은 물론, 주인 몰래 친구의 만화책을 훔쳐보기 위해 고단수의 눈치작전을 벌이기도 했었지요. 저 소년들은 지금 어떤 아버지가 되어 있을까요?

기도 한다. 요즘은 카드 회사에서 서비스로 가입해준 무료 보험이 많기 때문인데, 부모님이 카드를 직접 만들고 관리하셨다면 더더욱이 알아두어야 할 일이다. 하지만 부모님이 어떤 카드를 지니고 계셨는지 모른다면 보험금을 받을 길이 없다. 이런 경우를 당하지 않으려면 부모님이 가입하신 보험이나 사용하고 있는 카드에 관한 정보를 확실히 알아두는 편이 좋다.

특히 부모님이 치매라도 앓게 된다면 서류를 어디에 보관했는지조차 알 수 없게 된다. 그럴 때는 우편물이 단서가 될 수도 있으니 평상시 신경 쓰지 않았던 것들에도 주의를 기울이자. 생명보험회사에서 해마다 보내는 엽서와 카드회사의 명세서 같은 것이 단서가 될 수 있다.

또 사망 시 보험금이 가족에게 어떻게 분배되는지 자식이 확인해두지 않으면 나중에 분란의 씨앗이 될 수도 있다. 보험에 가입한 당사자의 의사를 정확히 확인할 수만 있다면 분배 비율을 바꾸는 것도 어렵지 않다. 가령 아버지는 홀로 남게 될 어머니가 보험금을 더 많이 수령하도록 할 수도 있다.

이 야 기 15

부모님의
재산관리 방법을 알아두자

부모님에게 주로 어느 은행을 이용하고 계신지 묻는다.

특히 연세 든 어르신들은

한번 택한 은행을 쉽게 바꾸지 않는다.

그래서 부모님이 돌아가시면 본인이 아니라는

이유로 은행 업무에 제한을 받을 수 있다.

미리 부모님의 은행과 계좌 등을 알아두자.

N 부모님이 돌아가시면 그 시점부터 은행 같은 금융기관의 계좌는 동결된다. 부모님(계좌 명의인)의 사망신고서를 제출하면 부모님의 저금은 일체 찾지 못하게 되는 것이다. 나도 어머니가 돌아가셨을 때 그런 경험을 한 적이 있다. 상속이 확정되기 전까지 배우자나 자식은 동결된 계좌에서 한 푼도 인출할 수 없다.

여기서 문제는 상속이 확정되기까지 짧게는 수개월에서 길게는 1년이 걸린다는 점이다. 그렇게 되면 장례비 같은 돈이 필요할 때 몹시 난감해진다. 따라서 사전에 어느 정도는 돈을 찾아둘 필요가 있다.

부모님이 병에 걸리셨더라도 이런 사무적인 절차를 밟을 수 있는 여유가 있으면 문제가 안 된다. 하지만 부모님이 갑자기 돌아가셔서 부모님의 돈을 전혀 사용할 수 없게 될 때는 사정이 달라진다. 특히 요즘처럼 부모와 자식이 따로 살면서는 대부분 부모님의 사망 소식을 급작스레 접하게 되므로 이런 경우를 고려해두어야 한다.

될 수 있으면 부모님이 돌아가시기 전에 거래하는 은행이 어느 은행인지, 신용금고 계좌는 갖고 계신지도 물어보자. 나는 아버지가 병에 걸리신 후 아버지가 경영하시던 개인병원을 물려받았기 때문에 은행계좌를 반드시 전부 알고 있어야 했다. 그런데 알아보니 예전에 만들었다가 거의 사용하지 않은 계좌가 몇 개나 더 있어서 전부 알아내는데 상

●
낭만의 설득(?). 제목이 재미있는 사진입니다. 융단처럼 깔린 낙엽, 그 위에 놓인 벤치 하나. 그리고 밤송이머리 총각의 작업(?). 여학생 쪽으로 다가가 열심히 수작(?)을 거는 남학생과 못 들은 척 딴청을 부리는 여학생들의 내숭이라니. 역시 풋풋한 청춘입니다. 부모님에게도 저런 시절이 있었을 테지요.

당한 시간이 걸렸다. 관리하기 편하게 돈을 하나의 계좌로 모으려고 해도 자유자재로 할 수 없어서 여러 불편함을 겪었다.

부모님 세대는 현금카드를 따로 만들지 않는 경우가 많아서 돈을 인출하려고 해도 도장이 없으면 찾을 수 없다. 그리고 설사 현금카드를 만드셨다고 해도 현금카드의 비밀번호를 모르면 아무 소용이 없다.

인감도장을 부모님이 살아계실 때 받으면 좋지만 급환으로 입원하기라도 하면 어디에 인감도장이 있는지 몰라 고생하게 된다. 인감도장이 없어도 결국 어떻게든 해결이 되기야 하겠지만 절차가 복잡하고 시간이 많이 걸린다. 부모님의 인감도장을 갖고 있다는 것은 부모님의 재산 관리를 맡아서 한다는 이야기가 된다.

부모님이 판단하실 수 있는 상태일 때 인감도장과 은행도장을 보관하는 장소, 비밀번호 같은 것을 물어보는 것이 좋다. 물론 부모님의 신뢰가 먼저 있어야 이런 대화를 시도해도 미안하지 않고, 이런 대화를 해두어야 서로 불안함을 끌어안고 살지 않을 것이다.

이 야 기 **16**

부모님의
주식거래에 대해 알아둔다

부모님의 주식에 대해서도 파악해둔다.

휴대폰도 못 다루는 어머니가 컴퓨터로

주식거래를 하시는 것을 보고 깜짝 놀란 적이 있다.

부모님이 어떤 주식을 갖고 계신지,

어떻게 거래하고 계신지 미리 이야기를 나눠보자.

주식을 소유한 사람이 사망하면, 그 시점의 시가를 평가한 금액이 상속자에게 돌아간다. 주식 시세가 떨어졌을 때 상속 받아서 상속 후에 주가가 오르는 것이 가장 이상적이겠지만 내 마음처럼 될 리는 없다.

당장 처리하지 않아도 된다면 괜찮지만 문제는 주식을 매각해서 부모님의 간호비나 의료비를 충당해야 할 경우다. 부모님이 의식이 없을 정도로 심각한 상황이라면 주식 매각도 간단치 않은 문제가 되는 것이다. 본인 확인이 되지 않으면 주식은 매각할 수 없기 때문이다.

나도 아버지가 병원에 입원하셨을 때 병원비로 쓰기 위해 아버지의 주식을 매각하기로 했다. 원래는 아버지가 증권회사에 전화를 해서 매각 지시를 내리기로 했지만, 갑자기 아버지의 병세가 악화되자 그럴 여유가 없었다. 그래서 하는 수 없이 증권회사 직원이 병실까지 찾아와서 아버지를 확인한 후에야 주식을 매각할 수 있었다. 주식이 그렇게 많지는 않았지만 아무리 적어도 현금화하는 것은 상당히 번거롭다.

물론 금전적으로 여유가 있으면 주식은 그대로 두고 상속할 때 분배하면 되니 문제가 없다. 하지만 나는 병원 경영을 위해서도 그렇고 앞으로의 만일을 대비하기 위해서라도 주식을 자금으로 현금화하는 편이 좋을 거라고 판단했다.

제2장_ 부모님의 돈에 대해 묻기 101

○
합격자 발표. 강추위 속에 합격자 명단이 나붙었습니다. '됐다'를 연이어 외치는 엄마와 딸이 얼싸안았습니다. 얼핏 어머니가 합격한 듯합니다. 평생 이렇게 어머니와 껴안고 기뻐 소리친 일이 얼마나 되었을까요? 손가락으로 헤아리니 열 손가락이 다 굽어지질 않습니다. 고생으로 굽은 어머니의 손가락은 펴지지 않는데 말입니다.

아픈 환자에게 이런 문제를 시시콜콜 물어서 고생시킨다고 생각할지 모르지만 내 입장에서는 아버지의 최대 재산인 병원을 지키기 위한 어쩔 수 없는 선택이었다.

나의 경우와는 다르게 주식을 좀더 안정적인 상태에서 상속 받게 된다면 주식 상황을 살펴보고 판단하기를 바란다. 주식도 엄연히 부모님의 유산이며, 이 유산이 어떻게 쓰이기를 바라는 부모님의 마음을 담고 있기에 말이다.

이 야 기 **17**

인터넷상의 유산도 알아둬야 한다

컴퓨터에 남은 부모님의 데이터를 관리한다.

부모님의 컴퓨터에는 많은 정보가 담겨 있다.

나중에 그 정보들은 소중한 기록이 되기도 하고

신중한 개인정보가 되기도 한다.

인터넷에서 어떤 활동을 하고 계셨는지

미리 알아두자.

요즘은 홈페이지나 블로그를 운영하는 어르신들이 제법 많다. 지역 사회에서 부모님 세대를 위한 무료 컴퓨터 강좌를 많이 열기도 하거니와 이런 계기를 통해 부모님들도 컴퓨터를 열정적으로 배우시기 때문이다. 그런데 더 이상 부모님 본인이 관리할 수 없게 되는 경우가 종종 문제가 되곤 한다.

홈페이지 같은 경우에는 유료로 서버를 이용하기 때문에 결제를 하기 위해 등록한 카드가 정지되면 홈페이지도 자동으로 사라진다. 그러나 사망과 동시에 카드 정지가 이루어지지 않기 때문에 자칫 잘못하면 수개월 간 사용 요금이 계좌에서 빠져나갈 수도 있다. 자동이체를 걸어놓았을 경우라면 자동으로 돈이 인출되기도 한다. 그래서 소유자가 사망했을 때는 빨리 카드를 정지해야 하지만 본인 확인을 할 수 없으면 거기에도 시간이 걸린다.

블로그의 경우는 또다른 문제점을 갖는다. 블로그는 따로 돈이 드는 경우가 별로 없으므로 운영자가 사망해도 인터넷상에는 개인정보가 계속 존재한다. 그리고 부모님 사망 후 자식이 블로그를 없애려고 해도 패스워드를 몰라 바로 폐쇄하지도 못한다. 또한 블로그가 개시되면 블로그 데이터가 다른 곳에서 도용될 위험이 있고 인터넷이라는 가상공간에 영원히 존재할 가능성도 크다.

컴퓨터에 저장된 데이터도 보안 유지의 측면에서 생각해두어야 한다. 컴퓨터 하드디스크의 데이터를 제거해도 일반적으로 데이터 그 자체는 특수한 소프트웨어를 사용해서 제거하지 않는 이상 그대로 남기 때문에 패스워드나 메일 주소 같은 개인정보가 유출될 수 있다. 인터넷뱅킹 같은 금전거래 내역이 남아 있을 가능성도 다분하므로 컴퓨터를 파기할 때는 하드디스크를 물리적으로 망가뜨리는 게 낫다.

인터넷상의 가상공간 자체도 커다란 재산이 될 수 있음을 잊어서는 안 되며, 이를 유념하고 신중히 관리해야 한다. 어느 날, 인터넷에서 뜻하지 않게 돌아가신 부모님의 사진을 보게 될지도 모른다. 반가운 마음으로 읽을 수 있으면 다행이지만, 인터넷상에서 부모님의 사진이 어떻게 변형되어 유포될지는 모를 일이다. 이러니 부모님께 확인을 받아두는 것이 좋겠다. 부모님의 취미 생활에 관심을 보이는 것이 우선이겠으나 그렇지 못했다면 이 이야기를 계기 삼아 오늘이라도 가볍게 물어보길 바란다.

알아두기

유언장

 사유재산제도를 인정하는 나라 대부분은 유언에 따라 망자의 재산을 처분할 수 있는 자유를 인정하기 때문에, 한마디의 말, 한 줄의 글은 법적으로도 효력을 지닌다. 급작스럽게 죽음을 맞이하는 경우, 미리 작성해둔 유언장은 자녀들에게 마지막 말로써 효력을 발휘한다. 유언이건 유언장이건 비슷한 효력을 지니지만, 그러기 위해선 지켜야 할 몇 가지 주의사항이 있다.

 그 중 대표적인 것이 유언은 반드시 자필로 작성해야 한다는 것이다. 타자기나 컴퓨터로 작성된 것, 타인이 유언자의 구술을 대필한 것, 복사했거나 스캔을 통해 복제된 것, 프린터로 출력한 것, 그리고 일부라도 다른 사람의 손을 거친 것 등은 모두가 무효다.

 이외에도 유언자의 성명, 생년월일, 거주하고 있는 곳의 주소, 전화번호, 작성일 등을 유언내용과 반드시 함께 적어야 한다. 성명은 본인을 정확히 알 수 있다면 호나 예명 등을 적어도 무방하지만, 기왕이면 본명을 정확하게 적는 것이 좋다. 주소는 유언장의 작성지가 아닌 직접 살고 있는 곳의 주소를 적어야 한다. 그리고 주소는 전문과 함께 기재하는 것이 오해를 줄일 수 있다.

 유언내용에는 하고 싶은 말을 적는다. 유언장에는 재산에 얽힌 내용들이 많이 적히다보니 사후 논란거리로 작용하기도 한다. 그러기에 상세하고 꼼꼼하게 적는 것이 중요하다. 재산을 어떻게 할 것인지 자세하게 적고, 그 일을 집행하게 될 집행자도 적확하게 지정하는 것이 좋다.

 작성일자는 정확하게 연월일을 기재해야 한다. 연월만 있고 일자가 없어 유언장이 무효가 된 사례도 있으니 날짜는 정확하게 적어야 한다. 연월일을 정확하게 써도 되지만, 환갑일, 60번째 결혼기념일처럼 정확하게 날짜를 유추해낼 수 있는 기념일을 적어도 된다. 하지만 반드시 자필로 적어야 한다. 마지막으로 할 일이 날인이다. 도장을 찍거나 서명을 해도 되고, 인장을 찍어도 된다. 완벽하게 써놓은 유언장도 날인이 없어 무효가 된 경우는 허다하다.

녹음을 할 수도 있다. 유언의 내용과 이름, 녹음한 날짜 등을 꼼꼼히 녹음하고 정확히 유언임을 증명하기 위해 증인을 세워야 한다. 이때 증인의 목소리와 이름도 함께 녹음해야 함을 잊지 말아야 한다.

두 명의 증인이 참석한 가운데 공증을 할 수도 있다. 공증인 앞에서 내용을 말하고 공증인은 이를 기록, 증인들이 승인하여 각자 서명 날인하여 공증하면 된다.

병으로 급작스럽게 운명한 경우라면 유언장을 작성하는 것이 불가능할 수 있다. 이때는 두 명 이상의 증인이 배석한 가운데 한 명이 유언을 수기하고, 그것을 낭독하여 이상 없음을 확인한 후 각자 서명 날인한 후 7일 이내에 법원에 제출하면 된다.

이외에도 여러 가지가 있지만, 그래도 가장 정확하고 믿을만한 것은 생전에 자필로 써놓은 유언장이다. 유언은 망자가 세상에 남기는 마지막 말이기에 소중히 다뤄야 하며, 후손들은 그 뜻에 따라야 한다.

이 세상 모든 자식들에게 꼭 필요한 구체적이고도 현실적인 조언

제3장

부모님의 건강에 대해 묻기

건강은 더할 나위 없이 소중한 것,
지금부터라도 할 수 있는 최선을 다하자.

　부모님이 건강하실 때는 병환으로 고생하시는 모습을 상상하기는 어렵다. 평생 병원 신세라고는 진 일이 없이 정정하시던 부모님이라면 언제나 병과는 무관할 것이라고 생각하기 쉽다.
　그러나 부모님의 건강은 건강하실 때부터 미리미리 체크해야 한다. 한 외래 환자는 부모님과 함께 살기 시작한 후부터 부모님이 당뇨병에 걸린 것을 비로소 알게 되었다고 한다.
　어떤 환자는 처음에는 복용하고 있는 약이 없다고 했다가 나중에 이런저런 이야기 끝에 혈압약을 먹고 있다고 정정하기도 한다. 너무 오랫동안 약을 먹고 있다 보니 혈압약을 먹는 것이 치료라고 생각하지 않게 되어버린 것이다.

어떤 환자는 딱히 큰 병에 걸린 적이 없다고 했는데 배에 남아 있는 큼직한 수술 자국으로 위장을 전부 적출했다는 사실을 뒤늦게 알게 된 적도 있다. **오래된 병에 대한 기억은 점점 희미해지는 모양이다.**

처음 만난 환자의 과거 병력을 모두 조사하는 것은 거의 불가능에 가깝다. 이제까지의 진찰기록이 없는 한, 또 환자가 별도로 이야기하지 않는 이상 몇몇 병력은 종종 놓치게 된다.

나는 아버지의 병에 대해서 젊었을 때부터 알고 있었고, **서로 이야기를 나누는 가운데 자연스럽게 더 오래전의 병력에 대해서도 알게 되었다.**

그러나 어머니는 혈압이 높아지고 나서부터 병원에 드나드셨는데, 오래전부터 고혈압이었는데도 건강진단 한번 변변히 받지 않으셨다는 걸 알게 되었다. 명색이 의사가 남편과 아들, 둘씩이나 있는 집안에서 어머니의 건강조차 제대로 챙기지 못한 것이다.

고혈압 관리를 조금만 더 빨리 시작했다면 어머니의 뇌경색을 좀 더 늦출 수 있었을 텐데, 지금 생각하면 참으로 애석할 따름이다.

이 야 기 **18**

부모님이 앓는 소소한 잔병에도 관심을 갖는다

부모님의 건강 문제에 신경을 쓰자.

따로 사는 경우가 많다 보니

부모님의 잔병치레는 소홀히 하는 경우가 많다.

연세가 많은 분들은 작은 증세가 큰 병으로

가는 경우가 많아서 미리 대비해야 한다.

어떤 병이 있는지, 무슨 약을 드시는지 자주 확인하자.

어머니는 아버지에 비하면 매우 건강하신 편이었다. 아버지는 젊은 시절부터 워낙 병치레가 잦았다. 폐결핵으로 죽을 고비를 여러 번 넘기셨고 병원을 개업하고 나서도 담결석 때문에 고생이 많으셨다.

그 당시에 담낭절제술은 위험한 수술이었고 아직 내가 의사가 되기 전이었기 때문에 수술에 소극적인 입장이셨던 것 같다. 결국 내가 레지던트 1년 차 때, 아버지의 병이 급성담낭염으로 악화되어 구급차를 타고 내가 근무하던 대학병원으로 오셔서 응급수술을 받으셨다.

수술 이후에는 급성췌장염까지 발병했기 때문에 레지던트였던 내가 오전에는 아버지의 병원에서 진료를 보고 오후에는 대학병원으로 달려가서 아버지를 간호했던 기억이 난다. 그 후에도 유행성 감기가 심해져서 폐렴이 되지를 않나, 오래된 폐결핵으로 폐기능이 저하되어 천식에 걸리시지를 않나, 아버지는 말 그대로 걸어다니는 종합병원이었다.

그뿐이 아니었다. 설암과 피부암, 전립선암 증세도 있었지만 다행히 모두 조기 발견하여 수술과 약물요법으로 치명적인 상황까지는 가지 않았다. 아무래도 내가 임상의였고 아버지도 의사였기 때문에 다른 사람들에 비해 조속히 대응할 수 있었다. 보통 사람들이라면 손도 제대로 써보지 못하고 어느 날 갑자기 죽음을 맞았을지도 모른다.

아버지는 말년에 림프종이란 혈액암으로 고생하시다가 결국 폐렴이 도져서 86세가 되던 해에 돌아가셨다. 반면 앞에서도 언급했듯이 어머니는 젊은 시절부터 건강한 체질이어서 병 한번 걸린 적이 없으실 정도였다. 그래서였을까. 설마 어머니가 아버지보다 먼저 돌아가시리라고는 꿈에도 상상하지 못했다.

아버지 병원에서 허드렛일을 도와드리던 것을 그만두시면서 어머니는 집에 혼자 있는 시간이 많아졌고 드시고 싶은 것도 마음껏 드셨기 때문에 고혈압, 당뇨병, 심장이 불규칙하게 뛰는 심방세동(심방잔떨림) 같은 갖가지 병으로 뇌경색 위험이 높아졌다.

어머니의 병이 심해졌다는 것을 알게 된 것도 내가 의사가 되고 나서 10년 정도가 지났을 때였다. 한번은 병원에 입원해서 뇌 종합검사를 받으셨는데 그때는 병이 이미 너무 깊어져서 손을 쓸 도리가 없었다. 남편과 아들이 명색이 의사인데도 건강진단 한번 변변히 받지 못하셨던 것이다. 아내가 어머니가 병이 들 수 있다는 생각조차를 못했던 우리 부자는 병원 신세를 져야할 상태가 되어서야 '아차!' 할 수밖에 없었다.

내가 의사이다 보니 더 이상 희망이 없다는 것을 가장 먼저 느낄 수 있었다. 예상대로 3개월도 되지 않아 몇 번의 뇌경색이 반복되더니 치매까지 발병하고 어머니는 결국 9년 동안 꼼짝없이 누워만 계시다가 생을 마감하셨다.

제3장_ 부모님의 건강에 대해 묻기 119

부모의 병을 예상한다는 것은 의사인 나에게도 어려운 일이다. 하지만 아무리 심각한 병이라고 해도 결코 미리부터 포기해서는 안 된다. 내 어머니에게도 좀 더 적극적인 치료를 하고 예방약을 미리 처방했더라면 좋았을 텐데, 지금은 그저 후회스러울 뿐이다.

나처럼 후회하지 않기 위해서라도 아직 늦지 않았으니 부모님의 건강에 좀 더 관심을 갖자.

이 야 기 19

만일을 대비해
병력을 메모해둔다

부모님에게 병원에서 치료받으신 적이 있었는지 과거 병력을 묻는다.

사람들은 의외로

오래전에 앓은 병을 제대로 기억하지 못한다.

과거의 병력이 현재의 건강 상태에 중요한 영향을

끼칠 수도 있으므로 부모님이 어떤 병을

앓으셨는지 확실히 물어보고 꼭 메모해두자.

대략 40년 전만 하더라도 위궤양이라고 하면 바로 위장을 잘라냈다. 당시에는 특효약이 없던 시절이라 어쩔 수가 없었다. 하지만 현재는 위궤양 자체도 줄었고 대부분 약으로 치료를 할 수 있다.

사람은 위장을 잘라내면 식사를 한 후에 혈당이 급격히 떨어지거나 기분이 나빠지기도 한다. 이를 덤핑증후군이라고 하는데 가족들이 이러한 병력을 알고 있으면 괜찮지만 만일 가족들에게 알리지 않았다면 원인이 무엇인지도 모르고 애꿎은 다른 병을 의심하게 된다.

예를 들어 폐결핵은 정도에 따라 고령이 되고나서 호흡기감염증을 일으키기 쉽다. 따라서 평소 부모님의 폐 상태를 알아두는 것도 병을 악화시키지 않기 위한 방법으로써 중요하다.

사람들은 의외로 오래전에 앓은 병은 쉽게 잊어버린다. 10여 년 이상 지나면 자신이 언제쯤 수술을 받았는지도 가물가물해지는 모양이다. 줄곧 아버지의 병간호를 해온 어머니가 먼저 돌아가시기라도 하는 날에는 아버지의 자세한 병력 같은 건 아무도 모르는 사태가 발생하는 것이다. 그러므로 부모님의 병력을 어딘가 메모해두어야 할 필요가 있다. 과거 병력이 현재 앓고 있는 병에 영향을 끼치는 경우가 많기 때문이다.

부모님이 어떤 병을 앓아왔는지 모르는 사람이 의외로 많다. 이제

부터라도 부모님이 젊은 시절부터 어떤 병력을 갖고 있었는지 알아두는 것이 좋다.

    혹시라도 이런 일이 생기지 않았으면 하지만, 부모님이 위급하게 병원으로 실려갈 경우 의사에게 부모님의 건강 정보를 신속하게 전해주어야 한다. 이때 알고 있는 것이 없다면 의사가 묻는 질문에는 답을 하지 못하고 '어떡해요? 어떡하죠?' 만 되물을 수밖에 없다. 1초가 다급한 상황에서 낭패를 겪지 않으려면 부모님의 과거 병력을 알아두는 것은 반드시 필요하다.

이 야 기 20

부모님의
단골 병원을 알아둔다

부모님의 주치의와 상담하고 연락처를 받아두자.

집 근처 병원을 정해

그곳에서 진료를 받도록 권해 드리자.

전에 부모님이 자주 다닌 병원이 있다면 그 병원을

방문하여 부모님의 건강 상태를 미리 확인하자.

만약을 대비해 병원에 연락처를 남겨두면 좋다.

만일 부모님이 집 근처에 있는 개인병원에 다니고 계신다면 병의 증세와 병력은 그 병원의 진료기록 카드에 적혀 있을 것이다.

그러나 진료기록 카드에 대한 보존의무 기간이 정해져 있기 때문에 일정 기간 이후에는 기록을 없애기도 한다. 최근에는 기록 시스템이 전자화되어 보존이 쉬워졌다고는 하지만 이도 영구 보관은 아니다.

그러므로 적어도 부모님이 항상 다니시는 개인병원을 알아두는 게 좋다. 그 병원에 부모님과 같이 가서 가족의 존재를 의사에게 확인시켜 주면 더욱 좋다. 물론 개인병원에만 해당하는 이야기는 아니다. 의사로서 환자의 가족 배경을 알아두면 더할 나위 없이 좋겠지만 요즘에는 전혀 파악할 수 없는 경우가 태반이다.

어떤 사람들은 의사니까 가족 구성원까지 당연히 알고 있겠거니 생각하지만 다른 가족은커녕 환자인 당사자조차 잘 알지 못한다. 부모님의 진찰은 되도록 가까운 개인병원 의사에게 받는다든지 해서, 될 수 있는 한 의사와 유대관계를 맺을 기회를 만들어 몇 가지 정보를 의사에게 전해두는 것이 중요하다. 사는 곳은 어디고 누구와 지내는지 정도는 알려줌으로써 의사에게 인상을 남길 필요가 있다. 이런 정보가 예기치 못한 비상시에 의사에게 도움을 줄 수 있기 때문이다.

부모님의 단골병원 의사와 가벼운 유대관계를 만들어두면 좋다.

혈압약 만큼은 장기간 다녔던 먼 거리의 종합병원에서 처방전을 받는다 해도 막상 갑자기 부모님이 아프시면 가까운 거리의 개인병원 의사가 더 큰 도움이 되기 때문이다.

만약 부모님이 입원하셨다면 병원 내의 인간관계에도 주의를 기울여야 한다. 부모님 가까이에서 시간을 보내는 사람들은 물론 가족이지만 의사와 간호사의 의료 서비스에 우선 신뢰를 보내야 한다. 의사와의 소통에 무리가 없는지 부모님의 입장을 세심히 살피는 것도 중요하다. 병을 이기기 위해 필요한 것은 역시 사람이기 때문이다.

부모님이 입원하시게 되면 의사 이상으로 상대하기 힘든 사람들이 간호사이다. 환자를 지나치게 지극정성으로 보살피는 가족들은 오히려 간호사에게 불편을 주기도 하고, 이들의 전문적인 의료 서비스가 병실을 찾지 않는 가족들보다 훨씬 나은 경우도 있다.

이렇게 병원에서 부모님을 간병하게 될 때는 의료진과는 일정한 거리를 유지하면서 간호에 대해 가족들이 지나치게 참견하지 않는 것이 좋다. 요컨대 부모님의 신변에 관해서는 이들을 믿고 맡기는 자세가 중요하다는 뜻이다.

어느 정도 신뢰하고 있다는 태도를 그들에게 보여주면 의사나 간호사들도 환자를 간호하기 쉬워진다.

물론 세심한 수발은 가족이나 간병인에게 맡긴다고 해도 환자의 상태가 이상하다고 느낄 때는 언제든지 직원에게 알려야 한다. 환자의 증세 변화를 빨리 발견하는 쪽은 역시 가족이 대부분이다. 만약 이상 증세를 전해도 인정하려고 들지 않는 시설이나 병원이 있다면 그곳은 별로 신용할 수 없는 곳이다. 반면에 가족과의 소통을 자발적으로 시도하려고 노력하는 시설이라면 안심할 수 있다.

이 야 기 21

부모님이 복용하시는 약을 살펴보고 메모한다

어떤 약을 드시는지, 무슨 치료를 받으셨는지 미리 기록해두면 좋다.

요즘도 병원을 옮길 때,
이전 병원 자료들을 요구하는 경우가 많다.
미리 부모님의 건강정보를 알고 있으면 위급한 경우
의사가 신속하고 정확하게 조치할 수 있다.

🌸 **병원을** 옮기려면 의사의 소견서나 진료의뢰서가 필요하다. 만일 소견서가 없다면 지금 복용하고 있는 약에 대해서 자세히 알고 있어도 치료하기가 훨씬 수월하다.

특히 구급차로 병원에 갔을 경우 병원에서 가장 먼저 현재 무슨 약을 복용하고 있는지 물을 것이다. 약을 알고 있으면 병의 원인을 밝히는 중요한 단서가 되기 때문이다. 당뇨병으로 약을 복용하고 있다면 저혈당을 의심할 수 있고, 파킨슨 병 같은 경우에는 어떤 약으로 치료를 해왔는지가 매우 중요한 정보가 된다.

가정에 대화가 없다면 긴급한 상황에서 부모님이 어떤 약을 복용하고 있는지 적절한 시점에 의료진에게 제공하기 어렵고, 당연히 의사도 진단에 필요한 단서를 얻을 수가 없다. 그러니 평소에 부모님이 복용하고 있는 약을 꼼꼼하게 파악해야 한다.

그래서 만약의 상황을 대비해 병원에서 받은 처방전을 보관하는 것이 좋다. 비상시에 큰 도움이 된다.

또한 약이란 거르지 않고 꼬박꼬박 복용하기가 쉽지 않아서 대개는 얼마간의 약이 남는다. 그 남은 약으로 부모님이 어떤 약을 드시는지, 약을 제대로 복용하고 계신지도 체크해볼 수 있다.

환자의 가족들에게 부모님이 평소 복용하던 약이 있는지를 물어보면 "약은 본인이 직접 관리하기 때문에 잘 모른다"고 대답하는 사람을 많이 보았다.

부모님의 건강 상태를 체크하기 위해서라도 어떤 약을 제대로 드시고 계신지는 확인해두는 것이 좋다.

이 야 기 22

부모님의
하루 운동량을 체크한다

부모님에게 만보기를 선물하고,
하루에 얼마나 걸으시는지 확인해보자.

부모님의 건강을 염려하는 자식이라면

참고할 만한 몇 가지 방법들이 있다.

그중 걷기는 최고의 건강법이므로 만보기를

사드려서 걷는 양을 체크하는 것도 좋은 방법이다.

물론 그 어떤 방법도 자식이 직접 안부를 묻고

자주 찾아뵙는 것만은 못할 것이다.

일본에는 부모님이 건강하게 잘 지내고 계신지를 체크할 수 있는 알림 서비스가 많다. 그 중 전기 포트 사용을 체크하여 이메일로 알려주는 서비스가 있다. 부모님이 차를 마시기 위해 매일매일 전기 포트를 사용하고 있다면 이는 별 탈 없이 잘 지내고 계시다는 증거가 된다. 반대로 몇 날 며칠이고 전기 포트를 사용하지 않으면 무슨 일이 생겼다는 적신호이기 때문에 이 시스템을 통해 자연스럽게 부모님의 신변을 알 수 있게 하는 거였다.

하지만 이 서비스에는 허점이 있다. 왜냐하면 노인들이란 전자제품을 종일 켜놓으면 전기가 아깝다고 생각하기 때문에 플러그를 뽑아놓는 경우가 대부분이기 때문이다.

이와 유사한 경험이 실제로 내게도 있었다. 장모님에게 사진이나 동영상 파일을 휴대폰으로 전송하면 바로 볼 수 있는 전자액자를 사드렸는데, 아니나 다를까 밤새도록 전원을 켜두면 아깝다는 생각에 플러그를 뽑아버리신 것이다.

그리고 장모님도 대부분 고령의 부모님들이 그렇듯이 전자제품을 다시 설정할 만한 지식이 없기 때문에 결국 무용지물이 되고 말았다.

내가 이런 경험을 말하는 것은 노인에게 전자제품을 다루는 일이 얼마나 어려운가를 말하기 위해서가 아니다. 정말 하고 싶은 말은 대부분의 전자제품 회사가 노인 사용자를 위한 제품 개발에는 무관심하고, 소극적이라는 점이다. 이런저런 것을 모두 살펴봤을 때 최첨단 디지털 기술의 제품은 우리네 부모님들에게는 부적합하다. 그렇다면 부모님에게 알맞은 것으로는 무엇이 있을까?

건강하게 잘 걸어 다니시는 것만으로도 부모님의 건강 상태를 알 수 있다. 확실히 부모님의 건강 상태나 일과를 알 수 있다면 자식들은 안심이 되겠지만 매일매일 시간을 내서 체크하기란 쉽지 않다. 컴퓨터에 연결되는 만보기를 부모님에게 선물해 드린다고 해도 1년 365일 내내 컴퓨터로 부모님의 걸음 수를 체크하는 자식은 아마 없을 것이다.

물론 어떤 만보기는 일주일치 기록이 저장되기 때문에 한 주에 한 번만 체크하면 되기도 한다. 하지만 그보다 현실적인 방법은 부모님이 만보기의 수치를 스스로 노트에 기록해서 틈틈이 자식들에게 보여주는 것이다.

그 외에 휴대폰을 이용해서 자식들에게 자동으로 데이터를 전송하는 방법도 있다. 요즘 나이 많은 부모님 세대를 겨냥해 만보기 서비스를 휴대폰에 탑재, 알림 기간과 전송받을 사람의 정보를 입력해두면 수시로 확인이 가능하다.

그러나 휴대폰을 갖고 다니시지 않는 부모님도 있기 때문에 누구

나 쓸 수 있는 방법은 아니다. 특히 고령자 중에서는 휴대폰을 사용하지 않을 때는 전원을 꺼두는 분도 많기 때문에 결국 이 방법도 최선의 해결책이 되지 않는다.

그러므로 부모님의 이웃에게 묻든가, 직접 전화를 자주 걸어 안부를 확인하는 수밖에 없다.

걷기는 건강의 기본이다. 걷는 것만으로 예방할 수 있는 병은 무궁무진하다. 요즘 사람들이 말하는 건강 유지법 가운데 걷기가 가장 최고라고 해도 과언이 아니다. 아무쪼록 부모님과 함께 걷기 효과를 체험하길 바란다.

이 야 기 23

부모님 스스로 건강 관리를 하시도록 권한다

부모님에게 음주와 흡연을 하게 된 사연을 물어보고,
줄이시라고 권해보자. 그리고, 매일 혈압을 체크하시는지 묻는다.

부모님 스스로 건강을 관리하려는 의지가 있는지
파악해야 한다. 그리고 비교적 적은 수고로
부모님의 건강을 챙겨보자.

먼저, 당장 혈압을 재는 일부터 시작한다.

건강 관리가 중요한 연세인데도 부모님이 계속
담배를 피우신다면 빨리 금연하시도록 도와드리자.

부모님이 스스로 건강 관리를 잘하고 계신지도 알아둘 필요가 있다. 예를 들어 지역에서 실시하는 종합건강검진을 꼬박꼬박 잘 받고 계신지, 암 검사도 적극적으로 받고 계신지, 검사 결과는 어떤지 함께 알아두어야 한다.

또 산책 같은 걷기 운동을 일주일에 며칠 간격으로 하는지, 평소 얼마나 몸을 움직이시는지도 체크해야 한다. 음주나 흡연은 일주일에 몇 번, 얼마나 하시는지를 확인하는 것도 중요하다. 물론 매일 혈압을 재고 있는지도 물어봐야 한다.

혈압 관리는 현재 일반 가정에서도 충분히 가능하다. 가정식 혈압계로 최소 하루에 한 번은 혈압을 재어보는 것이 좋다. 수축기 혈압이 120mmHg, 확장기 혈압이 80mmHg 정도면 정상 혈압이라고 생각하면 된다.

고혈압은 동맥경화를 일으키는 주범이다. 동맥경화는 심근경색과 뇌졸중의 위험인자이며, 지주막하 출혈 등에도 영향을 미친다.

고혈압 증세가 있다면 약으로 혈압을 낮추는 것이 일반적인데, 규칙적으로 약을 복용하는 것이 중요하다. 내 어머니는 혈압이 높았지만 약을 먹으면 현기증이 난다는 이유로 꼬박꼬박 챙겨 드시지 않았다.

어머니가 약을 드시던 시절에는 좋은 약이 없어서 혈압을 천천히 낮추는 것이 어려웠다. 그러나 지금은 다양한 종류의 약이 나와서 천천히

낮출 수 있기 때문에 혈압이 급격히 떨어지는 부작용도 많이 줄었다.

혈압 수치는 부모님의 건강 상태를 알 수 있는 최소한의 정보다. 물론 아는 것만으로 끝나서는 안 되고 어디까지 치료가 가능한지, 약을 규칙적으로 잘 드시고 계신지 꼭 확인해야 한다는 것은 말할 필요도 없다.

또한 담배를 여태까지 피우시는 부모님을 둔 경우, 건강 관리에 더 신경을 써야 한다. 흡연자는 대부분 암에 걸릴 확률이 높다. 최근 미국의 한 조사에 따르면 폐암은 대부분 흡연과 연관성이 있다고 한다. 우리가 생각하는 것 이상으로 폐암과 흡연의 관계는 매우 깊다.

흡연은 폐암 외에 다른 암의 위험도 높이기 때문에 부모님이 흡연자라면 하루라도 빨리 금연하도록 돕는 것이 최우선의 건강법이다. 금연이 힘드시다면 적어도 일 년에 한 번쯤은 MRI 검사라도 해야 한다. 현재의 일반적인 폐암 검사 수준으로는 조기에 암 조직을 발견하는 것이 어려우므로 MRI를 찍어보는 편이 나을 것이다.

만약 스스로 건강 관리가 잘 되지 않는 부모님이라면 지역에서 운영하는 건강교실 같은 곳을 적극적으로 권해보는 것도 좋은 방법이다. 병을 조기에 발견할 수 있다는 장점도 있지만 의료기관을 친숙하게 느끼는 데에도 긍정적인 영향을 준다.

알아두기

가정간호제도

여건이 허락되어 요양원에서 병간호를 받을 수 있다면 다행이지만, 재정적으로 어려운 상황이거나 부모님이 굳이 집에서 간호받기를 원한다면 병간호에 대한 형제간의 논의가 있어야 한다. 그리고 나라에서 운영하는 제도를 적절히 활용할 필요가 있다. 그 중 대표적인 것이 가정간호제도이다.

가정간호제도는 의사나 한의사의 진단이나 처방에 따라 기본간호에서 특수처치, 투약, 주사, 현장검사 및 건강 상담과 자가처치법 훈련 등을 받을 수 있는 행정 서비스의 하나다. 의료보험가입자 중 거동이 불편한 뇌졸중이나 뇌손상 등의 재활환자, 수술 후 조기퇴원한 환자, 말기 암 환자, 만성폐쇄성호흡기 질환자는 물론 고혈압·당뇨병 등 만성질환자, 사고로 인한 마비 환자, 병원에 장기입원이 곤란한 환자 등도 가정간호 서비스를 받을 수 있다. 신청을 하면 간호사가 직접 집으로 찾아와서 간호 서비스를 제공하는데, 1년에 최대 96회까지 이용이 가능하니 월 8회 가량 서비스를 이용할 수 있다.

간호 서비스를 받는 비용은 병의 상태에 따라 다소 차이가 나는데, 2011년을 기준으로 1회 방문 시 31,590원의 비용이 든다. 이 금액 중 80%는 의료보험을 통해 지급되고 개인은 20%에 해당하는 금액만 지불하면 된다. 이때 중증환자로 등록이 되면 의료보험에서 지급되는 금액이 95%로 늘어나면서 환자의 부담이 줄어들게 된다. 주의할 것은 간호사 방문에 따른 교통비는 별도로 청구된다. 10Km당 6,960원 가량이 청구되는데 이는 개인부담이다. 또한 연 96회를 초과하면 보험 혜택을 받을 수 없기 때문에 31,590원(2011년 기준)을 모두 지불해야 한다. 물론 치료에 따른 재료비와 투약에 따른 약값은 별도다. 저소득층 환자는 지자체에 신청하면 더 큰 도움을 받을 수 있다.

가정간호제도는 모든 병원에서 운영하는 것은 아니다. 따라서 인근 병원 중에서 가정간호제도를 운영하는 병원을 파악해둘 필요가 있다. 가톨릭대학교 부속병원, 건양대학교병원, 국립의료원, 국민건강보험공단, 일산병원, 광주보훈병원, 동산의료원, 너싱홈 그린힐, 대전중앙병원, 동강병원, 동서제통의원, 부산보훈병원, 산재의료관리원 순천병원, 산재의료관리원 인천중앙병원, 삼성서울병원, 서울대 가정간호 네트워크, 서울보훈병원, 서울대학교 간호대학 시범 가정간호 사업소, 성가롤로병원, 세란병원, 서울 아산병원, 연세의대 세브란스병원, 이대목동 병원, 인천사랑병원, 지방공사 대구의료원, 지방공사 전라북도 남원의료원, 진주고려병원, 중앙대학교의료원, 청주성모병원, 충남대학교병원, 한일병원, 한양대학교 의료원 등이 가정간호제도를 운영 중이니 가까운 병원에 문의를 하고 이용하는 것이 좋다.

가정간호 서비스를 받으려면 이들 병원에 입원 중이거나 외래로 진료를 받아야 한다. 입원 중이거나 외래로 진료를 받은 경우 의사에게 상황을 말하고 처방을 받으면 된다. 혹 다른 병원에 입원 중이라면 진료기록을 복사하고 주치의의 소견서를 발급받아 가정간호제도를 운영 중인 병원에서 외래진료를 받은 뒤 소견서를 발급받으면 이용이 가능하다. 거동이 불편하여 환자가 직접 병원 방문이 어렵다면 관련 자료를 지참하여 보호자가 직접 상담을 해도 된다. 가정간호제도는 병간호의 어려움을 해소해주는 해결사가 될 순 없다. 하지만 힘겨운 병간호의 과정에서 겪게 될 어려움의 일부를 해소해주고, 전문적인 간호가 가능하도록 도와줌으로써 병간호를 하는 사람들의 고통을 덜어준다.

또한 병원에서의 간호에 거부감을 가진 환자나 집에서 간호를 받길 원하는 부모님들이 좀 더 나은 간호를 받을 수 있는 길을 열어준다는 점에서 적극적으로 활용할 필요가 있다. 하지만 가정간호제도는 의사나 한의사가 아닌 간호사가 방문하는 것으로 직접적인 치료가 목적이 아니라는 점도 알아둘 필요가 있다.

이 세상 모든 자식들에게 꼭 필요한 구체적이고도 현실적인 조언

제4장

부모님의
병간호에 대해
묻기

부모에게나 자식에게나 부담이 되지 않는, 후회 없는 병간호를 위하여

개업의였던 아버지의 말씀 중에 지금도 잊히지 않는 말이 있다.

"의사로 50여 년 이상 환자를 진찰해 왔지만, 병간호를 하는 일이 이토록 힘든 일인 줄은 꿈에도 몰랐다."

어머니의 병간호를 시작하고 나서 얼마 되지 않아 아버지가 하신 말씀이다. 의사의 진료와 간호사의 병간호는 전혀 다른 차원의 문제다.

내가 신경과 의사가 된 지도 30년이 지났다. 그동안 뇌졸중으로 쓰러진 환자와 치매 증세가 진행되어 힘들어 하는 환자들을 수없이 진찰해 왔다. 내 어머니 또한 뇌경색이 왔다가 치매에 걸려 9년 동안 고생하시다가 세상을 떠나셨다.

어머니를 집에서 10년 동안 치료하면서 병간호가 필요한 다른 환자의 머리맡까지 직접 가서 진료한 적도 있다. 그러면서 이루 다 말할 수 없는 숱한 경험들을 했는데 한 가지 분명히 말할 수 있는 것은 환자를 간호하는 일이란 상상 이상으로 힘든 일이라는 점이다. 병간호 문제가 불거져서 이혼한 부부도 있고 형제끼리 싸우는 경우도 있다. 간호 문제는 간호하는 사람만의 문제가 아니라 친척들과 친구들에게까지 영향을 끼친다.

간병이 필요해지면 누가 돌볼 것인지, 어디에 모실 것인지도 해결해야 한다. 여기서 어떤 방법을 택하든지 돈은 든다.

그러니 육체적, 정신적인 부담뿐 아니라 경제적인 부담까지, 집안에 간병이 필요한 환자가 있을 때 그 가족의 고통이란 말로 다하기 어렵다.

그렇지만 내 경험에서 말하건대, 병간호 문제도 외부에서 다양한 원조를 받는다면 부담을 상당히 줄일 수 있다. 일단 **부모님이 원하는 방법을 들어보는 게 순서겠지만 치매 증상이라도 있다면 부모님의 의사는 평생 들을 수 없다**. 그러니 건강하실 때 부모님의 의사를 확인하는 것이 좋다.

이번 장에서는 어떻게 하면 간호하는 사람과 간호 받는 사람 모두가 만족할 수 있을지 생각을 정리해 보았다.

이 야 기 24

어떻게
간호 받고 싶은지 묻는다

부모님에게 어떤 병간호를 원하시는지 물어본다.

몸져누운 어머님이 병원을 가는 것도 거부한 채

간절히 원했던 것은 링거 한 병이었다.

자식들이 모르는 부모님이 원하는 간호법이 있다.

만약을 위해 어떤 병간호를 받고 싶은지

건강하실 때 알아두자.

병간호는 하는 쪽도 중요하지만 당사자가 어떤 식으로 병간호를 받고 싶어하는지도 매우 중요하다. 내 어머니는 치매가 급속히 심해져서 어떻게 병간호를 받고 싶으신지 묻고 싶어도 전혀 대화가 불가능한, 거의 식물인간 상태였다.

내가 어머니를 간호했던 때는 아직 노인요양 서비스를 전담하는 사회보험제도가 실시되기 전이었다. 또 남편과 아들을 의사로 둔 분이 치매에 걸렸다는 것이 알려지면 좋지 않은 소문이라도 날까 봐 일부러 주위 사람들에게는 쉬쉬 했다. 그래서 아주 소수의 사람들만 집 안에 들였기 때문에 병간호를 할 수 있는 일손이 부족했다. 그렇다 보니 휠체어에 태워서 밖으로 모시고 나가는 일도 여의치 않았다.

아니, 솔직히 말해서 마음만 있었다면 그 정도야 못할 것도 없었지만 주위의 시선을 늘 의식하며 사느라 하지 않았다는 편이 정확하다. 아마 어머니 자신도 자주 바깥바람을 쐬러 나가기를 원하셨을지도 모른다. 또 간병인이라도 들여서 가족에게 많은 부담을 주지 않기를 바라셨을지도 모르겠다.

집에 환자가 있는 경우에는 여러 가지 이유로 가족 외에 다른 사람들이 집에 드나드는 것을 꺼리게 된다. 그래도 집에서 치료를 받으려면 어쩔 수 없이 가사 도우미는 물론이고 재활훈련을 위한 물리치료사 같

은 사람들을 들여야 한다.

　타인에게 집 안을 보여주고 싶지 않은 마음은 충분히 이해가 간다. 하지만 내 경험으로 보건대 집에서 병간호를 하는 경우에는 집을 편하게 개방해서 치료에 관계된 사람들이 자유롭게 집을 드나들게 하는 편이 병간호를 하는 가족에게 훨씬 편리하다.

　병간호를 받는 부모님도 자식들과 자식의 가족이 본인을 간호하느라 힘들어하지 않기를 바라실 것이다. 그래서 더 이상 자식에게 신세 지고 싶지 않다는 이유로, 치매에 걸려 자식을 힘들게 하니 요양시설에 들어가는 편이 낫다고 생각하는 부모님이 계시는 게 아닌가.

　물론 이와 반대로 오랫동안 살아온 익숙한 집에서 말년을 보내고 싶어하시는 부모님도 계신다.

　부모님을 간호해야 할 때 어디에서 할 것인가도 큰 문제다. 전문 요양시설을 이용하는 것도 방법이지만 자식 된 도리로 집에서 보살펴 드리고 싶다는 의지도 강할지 모른다. 하지만 요양시설로 모시는 것이 곧 병간호를 포기한다는 의미가 아니라는 것만은 꼭 알아두기 바란다.

　나도 치매에 걸린 어머니를 9년 동안 모신 경험이 있다. 아버지도 나도 의사로서 치매에 관한 이해는 남들보다 높은 편이었지만, 고충이 산더미처럼 많았다. 그래서 여러 가지 사정으로 어쩔 수 없이 집이 아닌

시설에 부모님을 모시기로 한 가족들의 마음을 충분히 이해한다.

　가능하면 발병하기 전에, 혹은 부모님이 병간호를 받기 전에 정확한 의사를 물어보는 것이 좋다. 당사자의 바람과 시간, 돈 문제 등 여러 가지 요소를 고려한 뒤에 희망사항과 시간, 금전적 여유에 맞춰 선택을 하는 것이 좋은 방법이다.

　어느 쪽이든 부모님이 '어떻게, 어디에서 병간호를 받고 싶은지' 묻는 것은 부모님이 바라시는 치료 환경을 만드는 중요한 첫걸음이 될 것이다. 아픈 부모가 병간호를 필요로 할 때는 부모의 행복과 더불어 병간호를 하는 자식들의 행복도 똑같이 중요하다. 가장 유념해야 할 것은 간호가 누군가의 희생으로 이루어져서는 안 된다는 점이다.

이 야 기 **25**

'누구'에게
간호 받고 싶은지 묻는다

부모님에게 누구에게 병간호를 받고 싶은지 미리 확인해두자.

열 손가락 깨물어 안 아픈 손가락이 없다지만,

아플 때 꼭 곁에 있었으면 하는 자식이 있게 마련이다.

또한 자식이 아니더라도 자신을 챙겨주었으면

하는 사람도 있을 수 있다. 부모님이 건강하실 때

본인의 의향과 가족의 협조를 확실히 해두자.

집에서 병간호를 하게 되면 여러 가지 문제가 발생한다. 그 중에서 누가 병간호를 할 것인가는 매우 정리하기 어려운 문제 중 하나다. 내 어머니는 상태가 너무 갑자기 나빠지는 바람에 누가 돌봐주기를 원하시는지 당사자에게 물어볼 겨를은커녕 가족들이 모여 상의할 틈도 없었다.

지금 돌이켜보면 좀 더 가족들이 심사숙고했어야 했고 당사자의 의지도 확인해야 했다는 생각이 든다.

누구를 중심으로 병간호를 할 것인지는 매우 중요한 문제다. 남편이 일하고 아내가 병간호를 맡고 있다면 아내가 지나치게 큰 짐을 지게 된다. 그럴 경우엔 근처에 사는 형제가 교대로 병간호를 해주는 방법이 있을 수 있지만, 어느 쪽이든 병간호에 시간을 많이 내야 하므로 자신의 시간을 희생해야 한다.

요양 서비스를 통해 파견되는 가사 도우미 아주머니가 집으로 와줄 때만 오로지 자유로운 시간을 갖겠지만, 가사 도우미 아주머니는 근로시간이 정해져 있기 때문에 충분하다고 생각될 만큼 자주 부를 수는 없다. 이래서 어느 한 사람의 희생이 지나치지 않도록 가족이 협조하는 것이 중요해진다.

병간호에는 흔히 돈 문제가 가장 먼저 떠오르며 제일 중요한 문제

로 부각되지만 자기만의 시간 또한 사라진다는 사실을 명확히 인지해야 한다. '긴병에 효자 없다' 라는 말이 있지 않은가.

누가 병간호를 전담할지를 두고 자식들끼리 옥신각신하는 모습을 보며 마음 아파하시는 부모님들이 많다.

그러므로 부모님이 아직 건강하실 때 누구에게 간호를 받고 싶으신지, 자식들 중에 누가 그 짐을 나눠서 질 수 있는지도 상의해두기 바란다. 그리고 병간호를 받는 사람과 하는 사람 양쪽이 모두 행복할 수 있는 방법을 적극적으로 찾아야 한다.

이 야 기 26

연금이나
보험에 대해 미리 의논한다

지금 받고 있으신 연금과 의료보험에 대해 알아둔다.

나이가 들면 연금으로 생활하게 되는 경우가 대부분이다.
평범한 일상생활을 할 때는 상관없지만, 갑자기
아프거나 하면 연금으로 생활하기 어려워지는 경우가 많다.
부모님에게 보험이나 연금 문제 등을 확인해두고
갑자기 큰돈이 들어가게 될 때, 어떻게 해야
하는지도 상의하고 대비해야 한다.

본격적인 병간호에 들어가면 거기에 드는 비용이 매우 중요한 문제가 된다.

의료보험 제도의 혜택을 받으면 부담을 상당히 낮출 수도 있다. 그러나 그렇다고 해도 어느 정도의 돈 지출은 각오해야 하는 게 현실이다. 물론 입원하고 나서 치료를 시작하면 점점 더 많은 돈이 필요해진다.

따라서 부모님이 병에 걸리거나 간호가 필요해졌을 때 매월 얼마 정도가 필요한지 알아둘 필요가 있다. 의료보험에서 어느 정도 보조해 주는지 계산해 두는 것도 중요하다.

개인 자격으로 가입해 놓은 의료보험의 경우에는 병명에 따라 보험금 지급이 되는 경우도 있고 되지 않는 경우도 있다. 보험금 지급이 되는 병이라도 지급 기한이 정해져 있는 경우가 있기 때문에 꼼꼼히 살펴두지 않으면 보험금만 무턱대고 믿고 있다가 큰 낭패를 볼 수가 있다.

의료보험 제도에서도 어떤 시술을 받는지에 따라 부담해야 하는 금액이 천양지차이다. 병간호에 따르는 경제적 문제를 잘 정리하면 부모님이 건강하실 때 대비해둔 만큼 나중에 큰 잡음 없이 순조롭게 부모님을 모실 수 있다.

부모님이 현재 지금 받고 있는 연금과 나중에 추가로 받게 될 연금이 있는지도 물어보자. 병간호를 받을 때가 되면 연금이 든든한 노후자금이 되기 때문이다. 연금은 수혜 당사자가 식물인간이 되어도 꾸준히 받을 수 있기 때문에 병간호하는 사람들에게 매우 고마운 존재가 아닐 수 없다. 그래서 부모의 사망을 숨기고 자식들이 연금을 가로채는 사건도 종종 발생하는 것이다.

고령자가 되면 교통지원비 등 여러 가지 명목으로 연금이 나오므로 그 금액을 상세히 알아두면 나중에 부모님을 간호할 때 요긴하게 사용할 것이다.

보험회사에 연금형 생명보험을 가입했는지 여부와, 가입했다면 어느 경우에 얼마나 지급되는지도 알아두어야 한다. 부모님은 자신이 가입한 보험 내용을 잊어버리는 경우가 종종 있으니 보험증을 확인해보는 것이 확실하겠다. 이는 비단 부모님만의 문제가 아니라 우리 모두에게 해당되는 이야기이다.

우리 모두 건강하기를 바라지만 사실 눈앞의 일은 아무도 모른다. 내일이라도 당장 내가 식물인간이 된다면 어떻게 할 것인가? 무슨 수로 내 병원비를 변통할 것인가? 부모님의 병간호에 드는 비용을 미리 계산해두는 것은 나 자신의 미래 설계에도 좋은 계기가 된다.

제4장_ 부모님의 병간호에 대해 묻기

이 야 기 **27**

요양시설에
대해서 허물없이 이야기한다

부모님이 건강하실 때 함께 다양한 요양시설을 고려해보자.

큰 병을 앓게 되면 선택해야 할 것들이 많아진다.

그중 하나가 어디에서 치료를 받을 것인가 하는 문제다.

요양을 해야 할 상황이 왔을 때,

어디가 편한지도 미리 확인해야 한다.

어디에서 간호 받고 싶은지 물어보자.

부모님이 더 이상 걷지 못하시거나 화장실조차 가실 수 없게 될 정도로 운동 기능이 떨어지면 집에서 병간호를 계속하기에는 아무래도 무리가 있다. 집에서 부모님을 24시간 모실 가족이 그리 쉽게 나타날 리도 없다.

예전에는 아무리 돈이 많아도 그것만으로는 환자의 병간호를 해결하기가 어려웠다. 그러나 전문 요양시설이 늘어남에 따라, 어느 정도 돈이 있는 사람은 간병인의 손을 빌리거나 돌봄 서비스를 받을 수 있는 요양시설에 들어갈 수 있게 됐다.

하지만 여러 가지 이유로 요양시설에 기댈 수밖에 없는 상황에서도 막상 부모님을 보내드리려고 하면 가족들은 상당히 망설이게 된다. 차마 부모님을 낯선 요양시설에 보내지 못하겠다는 가족들이 우리 사회에는 아직도 많다.

하지만 요양시설이라고 해서 무조건 나쁘게 생각할 필요는 없다. 요양시설도 시설 나름이라 소수 정원인 곳부터 대형시설, 의료설비가 완벽하게 갖추어져 있는 곳, 가정적인 분위기로 인기가 많은 곳까지 참으로 다양하다.

요양시설이라고 하면 무조건 '불쌍한 사람들이 가는 곳'이라는 편견에 사로잡혀 있지 말고 부모님이 건강하실 때, 함께 공부해두는 것도

제4장_ 부모님의 병간호에 대해 묻기

좋을 것이다. 조사해보면 알겠지만 요양시설에 드는 금액은 천차만별이다. 만족스러운 수준의 의료 서비스를 받기를 기대하는 만큼 상당히 많은 돈이 든다.

부모님 병간호는 예상보다 오래 갈 수 있으니 무리하지 않는 범위 내에서 결정하는 것이 좋다. 부모와 자식이 서로 행복한 병간호를 원한다면 부모님과 의사소통이 가능할 때 미리 상의해두자.

이 야 기 **28**

간호 서비스에 대해 의논한다

부모님을 위한 다양한 간호 서비스를 고려해보자.

가장 좋은 병간호는

마음을 편안하게 해드리는 것이다.

좋은 곳으로 모시는 것도 중요하지만,

어떤 병간호를 받게 해드리는가도 중요하다.

누구에게 어떤 간호를 받고 싶은지

미리 확인해둘 필요가 있다.

집에서 병간호를 하기로 결정했다면 각 지역에서 실시하는 재택 병간호 서비스를 알아보는 게 좋다. 이 서비스는 식사, 목욕, 재활 등의 병간호를 집으로 요청할 수도 있고, 시설을 직접 방문하여 서비스를 이용할 수도 있다.

이 중 무엇을 선택할 것인지는 부모님의 건강 상태와 병간호를 하게 될 사람의 사정에 달려 있다. 나는 이 중에서 데이서비스(day service) 즉, 밤에는 가족들과 함께 지내고 낮에는 전문 요양사들의 보살핌을 받을 수 있는 주간보호센터를 이용해보길 권한다.

대부분의 부모님들은 이런 곳에 가는 것을 처음에는 달가워하지 않는다.

"난 노망 들지 않았으니까 그런 곳엔 가고 싶지 않다"고 딱 잘라 거절하시기도 한다. 하지만 이런 센터에 다니기 시작하면 일주일간 시간표를 짜면서 시간과 요일에 대한 감각이 돌아와 오히려 건강해지는 경우도 많다. 시설에서 운영하는 여러 돌봄 서비스를 경험하면서 부모님도 여러 종류의 간호 형태가 있다는 사실도 알게 된다.

이렇게 다양한 간호 서비스를 받다 보면 집에서만 간호를 받고 싶다는 생각이 바뀌어 시설 쪽이 오히려 편해서 좋다고 하시는 경우도 있다.

치매를 앓는 분 중에는 데이서비스를 받으면서 혼동하여 자신이 회사에 다니고 있다고 믿기도 하는데, 그 착각이 삶의 보람을 찾는 계기가 된다고 한다. 이처럼 데이서비스는 치매 환자에게 매우 커다란 의미를 부여하기도 한다.

　한편으로 요양 서비스를 제공하는 시설들은 환자 당사자에게는 물론이고 간병인에게도 잠시나마 환자로부터 해방되는 자유로운 시간을 준다는 점에서 그 의미가 매우 크다. 이런 여유는 간병인이 지치지 않고 간호를 계속 해나가는 데에 매우 중요한 것이다.

　병간호를 자택에서 할 것인가, 아니면 전문 요양시설에서 할 것인가를 선택하기 이전에 다양한 간호 서비스가 있다는 사실을 부모님께 알려드리고 어떤 방법을 선택할지 함께 생각해 보길 바란다.

이 야 기 29

틈틈이
건강 관리에 대해 의논한다

부모님과 골절, 뇌졸중, 치매에 대한 예방책을 상의한다.

훌륭한 병간호보다 중요한 것은

병에 걸리지 않도록 하는 것이다.

자주 부모님 상태를 확인하고 의사와 상의해야 한다.

사소한 병이라도 그냥 넘어가지 말고

꼭 확인해서 철저히 예방하자.

🪑 　**부모님이** 병간호를 받게 되기까지의 사연은 사람마다 수천 가지이지만 고령으로 인한 노환이 아니면 대개 뇌졸중, 치매, 골절 이 세 가지가 주요 원인이다.

이 중 첫 번째, 뇌졸중은 세대를 통틀어 보아도 가장 주요한 질환이다. 뇌졸중의 원인이 지주막하 출혈이든, 뇌경색이든지 간에 일단 마비가 일어나고 후유증이 남으면 상당 부분 운동신경을 잃는다.

뇌경색의 경우에는 발작이 반복되다가 점차 마비가 진행되는 경우가 많다. 손발을 움직이지 못하게 되면 근육량도 줄어드는 악순환 속에 빠져들어 회복을 기대하기 어렵다. 이럴 때 요양시설에 들어가서 충분한 재활치료를 하지 않으면 한번 떨어진 기능을 좀처럼 회복하기 힘들다.

두 번째로 부모님에게 많이 찾아드는 질환이 치매이다. 치매의 원인은 7퍼센트가 알츠하이머 병이고 나머지 3퍼센트가 뇌졸중이다.

알츠하이머 병의 주요 증상으로는 건망증, 의욕상실, 이해력 저하, 밤낮을 혼동하거나 어디에 있는지 모른다든지, 아무도 없는데 누군가가 있는 것처럼 이야기를 하는 등의 혼동 상태를 겪는 야간섬망(譫妄) 등이 있는데 이런 증상이 길어지면서 차츰 운동 기능도 저하된다. 왜냐하면 운동신경의 중추신경이 있는 전두엽에서 신경세포가 감소되기 때문이다.

제4장_ 부모님의 병간호에 대해 묻기 185

뇌졸중은 병이 진행될수록 손발을 움직이기 힘들어지다가 결국 식물인간 상태가 되는 것이 일반적인데 알츠하이머 병의 경우에는 심한 말기 상태를 제외하고 비교적 거동이 자유로운 것이 특징이다.

그러나 그점이 도리어 병간호를 힘들게 하는 원인이 되기도 한다. 폭력을 행사하거나 밤에 고함을 지르고 동네를 여기저기 배회하면서 가족들을 가장 고생스럽게 하기 때문이다. 몸을 움직일 수 있기 때문에 이리저리 돌아다니면서 문제를 일으키곤 하는 것이다.

알츠하이머 병으로 자리에서 일어나지 못할 정도의 단계에 이르면 상태가 최악인 경우가 많아서 얼마 지나지 않아 사망에 이른다. 한편 뇌졸중으로 인한 치매는 운동 마비가 빨리 진행된다. 발작이 반복되면서 운동신경을 떨어뜨리기 때문인데, 알츠하이머 병보다 빨리 식물인간 상태가 되기 쉽다.

세 번째로 병간호가 필요한 주요 질환으로는 골절이 있다. 골절 가운데 가장 큰 문제는 대퇴골경부골절이다. 이 골절은 허벅지 위쪽 부근에 있는 다리의 두꺼운 뼈가 부러지는 것을 이르는데, 이렇게 되면 당연히 걸을 수가 없다. 그러나 최근에는 연령에 관계없이 수술을 할 수 있기 때문에 수술로 회복되는 경우도 있기는 하다.

그렇다고 안심할 수가 없다. 치매 증세가 있는 노인이 넘어져서 골

절된 경우에는 전신마취가 치매를 악화시킬 위험이 있어, 이런 경우에는 수술을 할 수 없다. 또한 골다공증이 진행되면 골절이 자주 일어난다. 특히 체중이 가벼운 사람이 침대나 목욕탕, 계단에서 넘어지면 골절되기 쉽다.

나는 한때 노인보건시설의 책임자 자리를 맡았는데, 그때 골절 사고가 많아서 난감했던 기억이 난다. 시설에 있는 분들은 침대에서 떨어질 위험이 높아서 언제나 바닥에도 매트를 깔아 놓았는데 어이없게도 그 매트 위에서 넘어져 골절을 당한 노인도 있었다. 요양시설에서 고령자의 골절 사고 예방이 얼마나 어려운 일인지 그때 몸소 체득하게 되었다.

부모님을 자리에서 영영 일어나지 못하게 만드는 공포의 삼형제, 뇌졸중, 치매, 골절도 노력하면 충분히 예방할 수 있다. 틈틈이 부모님과 그 예방책에 대해 상의해보자.

이 야 기 30

집을 지내시기
편하게 돌봐 드린다

집의 개조 내용에 우선순위를 매긴다.

아프시거나 연세가 든 뒤엔

사소한 것에서 불편을 느끼신다.

작은 문지방 하나 넘는데도 힘이 부치는 경우가 많다.

낡은 지붕이 신경에 거슬리기도 한다.

집 안에 고치고 싶은 곳은 없는지 물어보자.

부모님이 건강하실 때 병간호에 대해서 의논하면서 집의 개조에 대해서도 물어보는 것이 좋다.

아무리 환자를 위해 집을 개조한다고 하더라도 당사자에게 직접 물어보지 않고 개조한다면 나중에 꼭 후회할 일이 생긴다. 부모님이 탐탁지 않아 하신다면 아까운 돈만 낭비한 꼴이 된다. 그러니 이런 문제는 미리미리 부모님과 상의하자.

나도 부모님을 위해 집을 개조한 적이 있는데, 지금 생각해도 잘했다는 생각이 드는 부분은 방에서 화장실까지의 거리를 좁힌 공사였다. 아무리 아프시더라도 가능하면 자신의 힘으로 움직이는 것이 좋고 부축을 받더라도 화장실까지는 혼자서 가실 수 있는 환경을 조성할 필요가 있다.

부모님들은 집의 개조를 두고 돈이 아깝다고 하실지도 모른다. 하지만 간호가 장기화되면 화장실 문제가 매우 중요해진다. 실제로 내가 아버지를 모실 때 그 문제가 해결되고 나자 어찌나 홀가분했는지 이루 말할 수가 없다.

하지만 아무리 병간호를 위한 개조라고 해도 세심하게 의논하고 계획하지 않으면 그저 낭비로 끝나는 경우가 대부분이다. 나 역시도 집을 개조하고 나서 그런 생각을 했다. 예를 들어 계단을 오르내릴 때 안

전하도록 난간을 개조했는데, 아버지가 자리에서 일어나지 못하게 되자 전혀 쓸모가 없었다.

집의 개조는 아무리 앞날을 충분히 생각하고 공사를 한다 해도 실제 상태에 맞지 않는 경우가 허다하다. 따라서 부모님이 건강하실 때 집을 어떻게 개조하는 것이 좋을지, 어떤 부분이 특히 불편하셨는지 미리 충분히 의견을 들어보는 것이 좋다.

돈 낭비를 줄일 수 있을뿐더러 부모님이 원하시는 간호를 할 수 있어 자식의 마음도 한결 편해진다.

알아두기

사전의료의향서

의학이 발전하면서 삶의 질이 높아지고 수명은 연장되었다. 하지만 사람은 누구나 죽는다. 그리고 그 죽음을 미리 알 순 없다. 최대한 편안하게 가족에 둘러싸여 임종을 맞이하고 싶지만, 그렇지 못한 경우가 대부분이다. 그래서 나온 대안이 자신의 죽음을 대비할 수 있는 조치를 미리 취해 놓는 것이다. 최근 사전의료의향서를 미리 작성할 수 있도록 하는 것이 그중 하나다. 이는 자신의 삶에 대한 결정을 내릴 수 있는 것은 본인이라는 판단에서 나온 조치로 의식이 없거나, 약물치료 등으로 의식이 명료하지 않을 때, 자신의 치료여부와 치료내용 등을 자신이 선택할 수 없는 상황에 대비하여 미리 결정해 놓는 것이다.

자신의 치료와 죽음에 대한 생각을 미리 밝히는 것은 환자 자신은 물론 치료하는 의사와 옆을 지키는 가족 모두에게 도움이 되는 일이다. 특히 품위 있는 죽음을 원하는 상황이라면 미리 그 의사를 밝혀놓는 것이 좋다. 자신의 의사마저 전달할 수 없을 만큼 절박한 상황이 되면 의사나 가족은 생명을 연장하는 일에 집착할 수밖에 없게 된다. 그 과정에서 환자의 존엄성은 무시되는 경우가 허다하다.

사전의료의향서에는 무의미한 연명 치료에 대한 자신의 의지와 연명치료의 적용 시기 등에 대한 뜻을 밝힐 수 있다. 사전의료의향서는 언제든 철회나 변경, 재작성이 가능하다. 좀 더 많은 자료와 사전의료의향서 양식은 생명윤리정책연구센터(http://bprc.info)에서 확인할 수 있다.

장기기증

장기기증은 건강하게 살다가 생을 마감할 때, 꺼져가는 다른 생명을 위해 내 몸의 일부를 대가없이 내어주는 일이다. 장기기증은 다른 사람의 건강한 삶을 위해 자신을 희생하는 거룩한 생명나눔운동이다. 장기기증은 철저하게 본인의 의지에 달린 일이다. 하지만 본인이 장기기증을 희망등록했다 하더라도 가족의 동의가 없으면 장기기증은 불가능하다.

　최근에는 사후 각막기증이 늘어나는 추세다. 김수환 추기경이나 최요삼 선수 등이 각막기증을 실천하면서 세상에 널리 알려졌다. 현재 각막이상을 호소하는 사람은 10만 명 정도인데, 2만 명가량이 각막이식으로 시력을 회복할 수 있다. 각막이식은 5세에서 90세 사이의 건강한 눈을 가진 이라면 누구나 가능하다. 주의해야 할 것은 사후 6시간 이내에 진행해야 하기 때문에, 가족의 협조가 반드시 필요하다. 각막적출에는 30여 분이 소요되며, 장소나 절차가 간단하다.

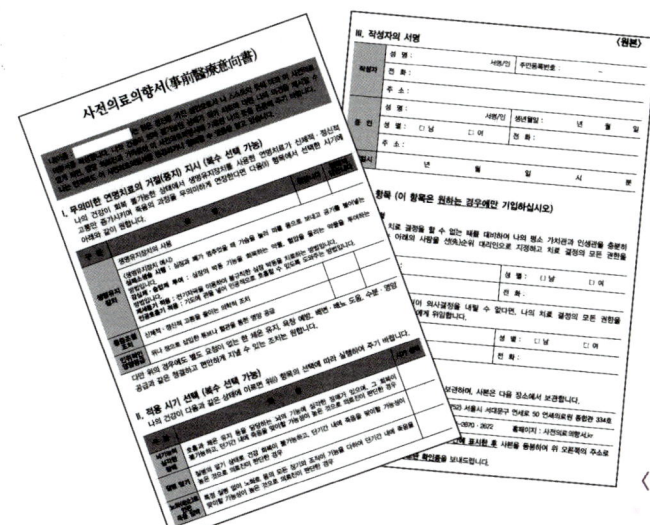

〈사전의료의향서 양식〉

이 세상 모든 자식들에게 꼭 필요한 구체적이고도 현실적인 조언

제5장

부모님의
죽음에 대해
묻기

인생의 에필로그를 어떻게 장식할까?

　　어머니는 일생의 마지막 1년을 병원에서 보내셨다. 1년 동안은 식물인간 상태였기 때문에 튜브를 통해 영양을 섭취하셨다. 의식은 있었지만 자식을 알아보셨는지는 모르겠다. 어쨌든 평소 자존심이 몹시 센 어머니가 병실에서 코에 튜브를 꽂고 누워 있는 모습은 보는 사람들을 슬프게 만들었다. 어머니는 정말 그렇게까지 하면서 생명을 유지하고 싶으셨을까.

　　만약 어머니가 병석에 눕기 전에 "그렇게까지 해서 살고 싶지 않다. 내 힘으로 식사를 못할 지경이 되면 더 이상 애쓸 필요 없다"고 확실히 말해두셨다면 지금의 모습으로 누워있지 않았을지도 모른다.

　　게다가 말기에 이르러 어머니를 병원에 입원시킨 것도 어쩌면 잘못된 판단이 아니었나 하는 생각이 든다. 집에서 간호하는 게 보통 일은 아니었겠지만 그랬다면 어머니는 아마 한 달도 채 넘기지 못하고 돌아가셨을 것이다.

　그러나 나는 의사로서 어머니를 그대로 포기할 수 없었고, 아버지도 어머니를 위해 무엇이든 해주고 싶어 하셨기 때문에 당시엔 입원이라는 방법을 택할 수 밖에 없었다. 가족의 입장에서 어떤 형태로든 부모님을 최대한 오래 붙잡아두고 싶겠지만 사실 그것과 병간호의 만족도와는 관계가 없다.
　다시 말해 마지막을 어떻게 지키는가가 중요하지 생명 연장에 집착하는 치료는 별 의미가 없는 것이다. 그보다는 오히려 고통 없이 편안히 돌아가셨다든가, 몸에 튜브를 많이 꽂지 않아 다행이라는 말을 듣는 편이 남은 가족에게 후회를 덜 남기는 길이라고 생각한다.

이 야 기 31

불효라고 여기지 말고
임종에 대해 묻는다

어떤 임종을 바라시는지 부모님과 상의해둔다.

조심스러운 질문이기는 하지만, 어떻게 임종을

맞이하고 싶으신지를 물어보는 것도 중요하다.

편안한 집을 마지막 장소로 택하고 싶으실 수도 있다.

하지만 아프신 뒤엔 자신의 뜻을 전달할 수 없을 수도 있다.

미리 물어보고 준비해야 한다.

🔴   **부모님의** 마지막 가시는 길을 어떻게 보내드려야 할지는 매우 중요한 문제다. 어쩌면 여기엔 결론이나 정답이 없을지도 모른다. 내 아버지는 더 이상 집에서 간호할 수 없을 정도로 악화되기 전까지는 집에서 모셨다가 병원에 입원하신 지 3일 만에 세상을 떠나셨다.

아버지는 폐가 제 기능을 하지 못해 혈액 속에 탄산가스가 가득 차 버린 상태가 되었다. 그래서인지 신경증상이 심해져서 자주 흥분하시기도 하고 큰소리로 떠드시거나 깊이 잠들지 못하고 쉽게 잠에서 깨셨다.

이런 상태로 병원에 가면 폐에 찬 물을 뽑고 폐의 기능을 되살리는 치료를 하는 것이 보통이다. 나도 의사이기 때문에 그런 치료가 이루어지리라는 사실을 잘 알고 있었는데, 그렇게 치료를 하고 나면 폐렴이 더 악화될 가능성이 있었다.

그래서 그대로 집에서 간호를 계속하고 싶었지만 신경증세가 너무 심해져서 흥분 상태가 계속되고 난폭해지셨다. 폐의 기능을 되돌리지 않으면 상태가 나아지기는 힘들어 보였다. 병이 악화될 가능성이 있긴 하지만 그대로 흥분 상태가 지속되면 집에서 병간호를 계속하기도 어렵다.

하는 수 없이 아버지를 입원시켜서 치료를 했더니 역시 예상대로 폐렴이 단번에 악화되어 버렸다. 링거 주사를 놓기 위해 손발을 고정하고 진정시키기 위해 진정제도 주입했는데 그 영향도 있었는지 아버지의 상태는 너무 빨리 악화되고 호흡도 멈췄다.

나는 결코 병원 측의 치료가 잘못되었다고 생각하지 않으며 이것이 현대의학의 한계라는 것을 잘 알고 있다.

만일 누군가 아버지 옆에 24시간 달라붙어 링거 바늘을 뽑지 않도록 감시라도 할 수 있었다면 손발을 묶고 진정제를 사용하는 일은 피할 수 있었을 것이다. 그랬다면 상태가 그 정도로 빠르게 악화되지는 않았을 것이다. 그러나 거듭 말하다시피 거기까지가 한계였을 뿐이다.

나는 아버지가 병원에서 돌아가실 거라고 이미 예측하고 있었고 각오도 되어 있었다. 아버지도 다른 적극적인 치료를 거부하셨기 때문에 단 며칠 만에 돌아가셨다.

생명 유지라는 관점에서만 본다면 아버지의 상태에서도 여러 가지 선택을 할 수 있는 상황이었다. 하지만 그저 살아만 있는 것, 겨우 숨만 쉬고 있는 상황만큼은 피하고 싶었다.

다행히도 내가 의사였기 때문에 어디까지 치료를 할지 선택할 수 있었고 아버지의 의향도 반영할 수 있었다. 온갖 병과 싸워온 아버지이기에 삶의 마지막이 좀 허무하다는 생각도 들었지만 이제는 받아들일 수밖에 없다고 생각했다.

사실 지금은 가족들이 안심하고 환자를 입원시킬 수 있는 의료기관이 몇 되지 않는다. 신뢰할 수 없는 병원에 중증의 환자가 입원하면 가족의 의향과 전혀 상관없이 치료 방침이 정해지는 경우가 많아 정작 가족은 천천히 생각할 시간조차 갖지 못한다.

그러므로 미리 가족과 상의하고 부모님이 원하시는 임종을 물어봐야 하는 것이다. 부모님에게 죽음에 대해 묻는 것은 불효가 아니다. 인간으로 태어난 이상, 어떻게 죽을 것인지도 존엄을 지키기 위해서는 중요한 문제다.

이 야 기 32

부모님께 병명을 알고 싶으신지 묻는다

부모님에게 병명 통지와 치료 방침에 대한 생각을 물어본다.

하얀 거짓말이라는 것이 있다.

환자가 충격을 받을까 봐 의사가

환자에게 거짓말을 하는 경우다.

하지만 알고 대비하려는 환자에겐 좋지 않다.

부모님은 어떤 것을 원하시는지 미리 물어봐야 한다.

🕯️　　**예전에도** 의사가 병명을 환자에게 통보하지 않고 숨기는 일이 종종 있었고 지금까지도 그 문제는 만만치 않다.

지금도 내가 처음 담당했던 환자가 생각난다. 그 환자는 암세포가 대장에서 간까지 전이된 상태였는데, 병명은 그보다 훨씬 가벼운 만성 간염으로 되어 있었다. 그런데 점점 증상이 심각해지니 환자도 의심을 품기 시작했을 것이다. 하지만 나로서도 가망이 없는 시한부 환자에게 딱히 뭐라고 설명해야 하는지 판단이 서지 않았다.

환자와 나는 서로 거짓말을 하는 것이 최선이라고 암묵적으로 동의한 듯한 상황이었고, 환자도 그렇게 자신의 처지를 납득한 것 같았다.

지금은 간암도 조기에 발견되면 완치가 가능하고 치료법도 다양해졌다. 따라서 환자에게 간암이라는 사실을 알리고 선택할 수 있는 치료법이 많음을 설명하여 적극적으로 치료에 임하게 하는 편이 환자의 회복에 도움이 된다.

그래서 최근에는 의사들도 암 선고를 그다지 꺼리지 않게 되었다. 나이가 드신 분들에게 암 선고를 하면 '이제 가망이 없다'고 생각하기 쉬운데 꼭 그렇지만도 않다. 현대의학은 다양한 치료법을 마련해놓았으므로 굳이 병명을 숨기지 않는 편이 좋다.

문제는 치매다. 치매 초기라면 병명을 이해하는 것도 충분히 가능

하기 때문에 적극적으로 치료와 약물 사용을 병행하면 증상의 진행을 늦출 수 있다. 그런데 부모님들 중에는 "노망난 것도 아닌데 내가 왜 치매 약을 먹어야 돼?"라며 역정을 내는 분들도 많다. 경험상 이런 경우에는 구체적으로 병을 설명하지 않는 쪽이 좋다. 이럴 때 나는 "기억력 감퇴에 복용하는 약인데 건망증에도 효과가 있으니까 한번 들어보세요."라는 식으로 우회적으로 설명을 한다.

병명을 정확히 알림으로써 치료가 수월해진다면 적극적으로 알려야 한다. 또한 당사자도 병명을 확실히 알아야 남겨진 시간을 잘 활용해서 주변 정리를 할 수 있을 게 아닌가.

아무리 그래도 시한부 선고란 여전히 조심스러운 일이다. 부모님에게 생명을 위협할 수 있는 병에 걸려 시한부 판정을 받는다면 어떻게 하실 생각이신지 한번 의향을 슬쩍 물어보면 어떨까. 부모는 자신에게 찾아든 병보다 아픈 자신으로 인해 자식들이 고통을 받을까 염려하는 것이 더 큰 사람들이다. 앞서 병간호에 대한 여러 경우와 대안을 함께 얘기하는 시간을 가졌다면 이번의 물음도 그리 난감하지는 않을 것이다.

또한 누차 강조하지만 무릇 이런 이야기는 자연스럽게 시작되어 다른 이야기로 구렁이 담 넘어가듯 해야 할 화제이다. 그러니 부모님과 대화가 자연스럽게 이루어지도록 앞서 노력을 해야 한다.

이 야기 33

부모님과 치료 방침을 미리 정해둔다

만일을 대비해서 부모님을 위한 최후의 대응책을 마련한다.

연명 치료가 사회문제가 된 적이 있다.
환자가 자신의 치료 방법에 결정권을 가져야 하는데,
병이 깊어지면 자녀들에게 의존할 수밖에 없다.
치료 방침을 정해두지 않으면 부모님을 보내드리는
마지막 길이 고통스러워질지도 모른다.

우리 병원에 다니던 어떤 환자는 치매가 발병한 지 8년이 지난 환자였다. 운동 기능도 상당히 떨어져서 휠체어에 의지하여 생활했고, 병간호를 하는 딸의 얼굴도 몰라볼 정도로 수척해졌다. 그런데 어느 날, 고열로 한밤중에 구급차에 실려 인근 응급실에 가게 되었다. 원래 천식기도 있었던 데다 응급실에 입원하면서 호흡 상태가 나빠져 폐렴이 생겨 결국에는 인공호흡기를 사용해야 했다. 인공호흡기로 호흡이 안정되자 딸은 안심했다.

그렇게 점차 폐렴 증세는 사라졌지만 호흡중추가 손상되었는지 스스로 호흡할 수 없을 정도가 되었다. 결국 인공호흡기에 의지해 숨을 쉬게 된 것이다.

응급실 당직 의사는 의식이 없는 상태로 들어온 환자에 대해 자세히 알지 못하기 때문에 누구든 일단 목숨을 살려내고 본다. 내 단골 환자의 경우에도 긴급 상태에서 호흡을 되찾기 위해 인공호흡기의 힘을 빌려야 했다. 그런데 이제는 인공호흡기를 떼어낼 수 없게 되었다는 새로운 문제가 생겼다.

젊은 사람이라면 일시적으로 호흡 상태가 악화되었다가도 다시 자가 호흡으로 돌아온다. 그러나 치매 증상이 많이 진행된 고령자라면 호흡 기능이 영영 회복되지 않는 경우가 많다. 한번 부착한 인공호흡기를

떼어낼 수 없게 되는 것이다. 이때 인공호흡기를 의도적으로 떼면 의사는 살인방조죄로 처벌을 받는다.

인공호흡기를 부착한 환자를 수용하는 병원은 적기 때문에 그 지경이 되면 병원을 옮기기도 여의치 않다. 이쯤 되면 편안한 죽음을 원한다고 해도 생각과는 상당히 다른 죽음을 맞이할 수밖에 없다. 폐가 기능하지 않는다든지, 심장이 멎든지, 신장 기능이 멈추지 않으면 이제 마음대로 죽을 수도 없다.

환자가 갑작스럽게 입원을 하면 가족들이 그동안 생각해온 자연스러운 죽음은 실현 불가능에 가까워진다. 알츠하이머 병의 말기에 평화롭게 죽음을 맞이하는 것이 가장 이상적이겠지만 이상과 현실은 언제나 다른 법이다.

이런 상황을 피하려면 만일을 대비해 부모님이 어디까지 치료를 원하시는지 묻고, 당사자가 바라는 죽음의 형태를 최대한 존중하여 치료 방침을 가족과 함께 미리 결정해둘 필요가 있다.

당사자의 의지가 확고하다면 방침을 결정하기 수월하고 의사를 최대한 반영할 수 있겠지만, 알츠하이머 병 환자 같은 경우에는 이마저도 쉽지 않을 것이다. 부모님이 건강하실 때 나중에 죽음을 어떻게 맞이하고 싶으신지 미리 상의해두는 것이 좋다.

이 야 기 34

거부감이 있는 치료 방법은 무엇인지 묻는다

부모님이 원하지 않는 치료 방법에 대해서도 알아둔다.

병이 깊어져서 치료를 하다보면

인간의 존엄성이 무시되는 경우가 있다.

자존심이 강하셨던 부모라면 이런 경우를

더 견디기 힘들어할 수도 있으니

치료 방법에 대한 거부감은 없는지,

알아두면 도움이 된다.

입으로 먹는 것이 힘들어지면 식도로 넘어가야 할 음식물이 잘못해서 기관지로 넘어갈 수 있다. 이런 경우에 흡인성 폐렴이 발생할 수 있는데, 그렇게 되면 대개 '경관영양'이라는 시술을 받게 된다.

병원에서 "입으로 먹으면 폐렴이 생길 위험이 있기 때문에 위 속에 관을 넣습니다"라고 한다면 가족으로서는 그 말을 따를 수밖에 없기도 하다. 이 시술을 받을지 말지는 가족이 딱히 거부감을 나타내지 않는 이상 의료진이 결정하곤 한다.

경관영양을 해도 이물질이 잘못 들어갈 확률은 있지만 역시 입으로 먹는 것보다 안전하기 때문에 환자를 관리할 책임이 있는 병원 입장에서는 환자가 음식물을 잘 삼키지 못할 때 이 방법을 제안한다.

이런 의료행위는 어디까지나 관리하는 입장에서의 선택일 뿐이다. 아무리 음식을 잘 삼키지 못하더라도 누군가 옆에서 천천히 먹여주면 충분히 받아먹을 수 있는 사람도 많다. 이렇듯 개인의 존엄성, 마지막을 어떻게 맞이하고 싶은지에 대한 개인의 바람은 무시되고 병원의 사정에 맞춰 치료가 시행되기 마련이다.

인간에게는 입으로 먹는 행위가 삶에서 매우 큰 의미를 가지며 인간의 존엄성 가운데 중요한 부분을 차지한다고 볼 수 있다. 그렇다면 기능이 허락하는 한 이 '먹는 행위'를 최대한 유지할 수 있도록 도와야 하지 않을까.

　하지만 병원에서는 문제가 생길 경우를 방지하기 위해 이에 대한 심사숙고를 하지 않고 경관영양을 해버리는 경우가 많다. 그러므로 병원에서 경관영양을 제안하기 전에 당사자의 의지를 확인해야 한다.

　부모님이 경관영양을 한 채 식물인간처럼 사는 모습은 보는 사람의 마음도 아프게 한다. 내 어머니도 돌아가시기 전 마지막 1년은 식물인간이 되어 경관영양을 하실 수밖에 없었다. 코에서 나온 튜브를 얼굴에 테이프로 고정해둔 모습은 너무 비참해 보였다.

　만일 부모님이 이런 치료를 원하시지 않는다면 당신은 그런 슬픈 모습을 지켜보지 않아도 된다.

이 야 기 35

연명 치료를 할지 묻는다

죽음에 대해 각자 나름대로의 철학을 만든다.

완치되지 않는 병이나 병 말기의 부모님을

그저 목숨만 유지시킨 채 병마의 고통 속에

살게 하는 경우를 종종 본다.

치료를 받는 사람이 자기 결정권을

가져야 하는데 그러지 못한 경우가 많다.

연명 치료도 그 중 하나다. 미리 물어두면 도움이 된다.

● **경관영양보다** 더욱 어려운 것이 '위루 조성술' 이다. 위루 조성술이란 배에 구멍을 뚫고 튜브를 넣어서 직접 위장에 영양수액을 넣는 치료 행위다. 코에 관을 집어넣는 경관영양보다 장기적으로는 안전하고 관리하기도 편하다. 예전에는 이 치료 방법을 행할 때 특수한 기술이 필요했지만 지금은 비교적 간단해졌다. 그래서 요즘에는 위루 조성술을 권장하는 의료기관이 늘고 있다.

가족의 입장에서는 코에 튜브를 넣는 경관영양을 한 부모님의 모습을 차마 보고 있기 힘들 것이다. 위루를 하면 적어도 얼굴 주변은 깨끗하기 때문에 그 편이 낫다고 생각할지 모른다.

하지만 알츠하이머 병의 말기 단계, 즉 전혀 움직일 수도 없고 식사도 할 수 없는 환자에게 위루를 행하면 식물인간인 채로 몇 년이나 더 살게 된다. 병원은 의료진의 손이 많이 가지 않는 환자를 입원시키는 것이 경제적으로도 유리하기 때문에 관리가 어려워지면 위루를 권하는 경우가 많다.

가족의 입장에서는 의료진이 경관영양보다 위루가 안전하고 미관상으로도 보기 좋다고 권하면 그 제안을 받아들이기 쉽다. 하지만 위루를 한 채 차도라고는 전혀 없이 세월이 흘러가는 모습을 보고 있으면 위루를 선택한 것이 실수였다는 걸 깨닫게 될 것이다. 그러나 후회해도 때

는 이미 늦었다.

　한번 뚫어버린 위루를 중단하면 영양분을 공급하기 위해 링거를 주사하거나 경관영양을 다시 시술하는 수밖에 없다.

　해외에는 식물인간이 적다는 소리를 자주 들었는데 그것은 간호 시스템이 특별히 우수해서가 아니라 경관영양이나 위루 같은 시술을 적극적으로 하지 않기 때문이다. 입으로 먹을 수 없게 되면 의료를 중단해 버리는 경향이 있는 게 아닐까 싶다.

　지극히 개인적인 의견이긴 하지만 그동안 많은 노인을 치료했고 내 어머니의 말기를 곁에서 지켜본 경험에서 말하건대 병을 치료할 방법이 전혀 없다면 의료행위를 중단할 수 있는 과감한 제도나 구조를 만들 필요가 있다고 생각한다.

　살고 싶은지 아니면 의미 없는 치료를 중단하고 싶은지, 환자 본인의 의지는 전혀 반영하지 않은 채 단지 생명유지에만 의미를 두는 치료는 결코 참다운 의료라고 볼 수 없다.

　이런 현실 속에서 우리가 할 수 있는 일은 마지막 순간에 어떻게 치료받고 싶은지, 어떻게 살고 싶은지를 스스로 정하는 것이다. 최소한 우리 세대는 이러한 상황을 알고, 자신의 마지막 모습까지 생각해야 한다. 하지만 병상에 누워계신 부모님 앞이라면 문제가 다르다. 최선을 다해

간호하고 조금이라도 더 사실 수 있기를 바라게 된다. 이는 자식의 입장이라 어쩔 수 없는 것이다. 그러나 치료를 받는 부모님이 겪고 있는 고통에 대해선 알지 못 한다. 알 수가 없다. 결국 이런 치료는 선택의 순간에 이르게 되며, 어떤 결정을 내리든 간에 후회를 남기기 마련이다.

각자 죽음에 대한 나름대로의 철학을 갖고 부모님과 함께 연명 치료에 대해 생각해 보자.

이 야 기 36

'죽음'에 대한 철학을 문서로 남기게 한다

부모님에게 리빙윌을 알려드리고 함께 작성한다.

'죽는 방법'을 미리 정해두는 방식을
'리빙윌(Living Will)'이라 한다.
더 아프기 전에, 치매 등으로 자신과
가족이 고통스러워지기 전에 과도한 치료를
받지 않겠다는 의사 표시를 하는 것이다.
부모님께 '리빙윌'을 알려드리고 상의하자.

대부분의 어르신들은 "어느 날 갑자기 덜컥 죽고 싶다"고 말을 한다. 그러나 지금 같은 의료 환경에서는 어느 날 갑자기 덜컥 죽기가 그리 쉽지 않다.

본래 의학적으로도 즉사하는 병은 적다. 돌연사를 일으키는 질병으로 심근경색, 치사성 부정맥 같은 심장 관련 질환이 있고, 뇌에는 지주막하 출혈이 있다. 많이 들어본 뇌경색이나 뇌출혈은 곧바로 죽음에 이르는 경우는 드물고 후유증을 남기는 경우가 많다.

식물인간이 되거나 암 말기에 이르렀을 때는 '심폐소생술 금지'나 '관으로 영양수액을 넣지 말 것'처럼 죽는 방법을 선택하게 되는 순간이 있다. 이럴 때를 대비한 '리빙월(Living Will)'이라는 것이 있다. 직역하면 '살아있는 동안(Living)에 효력을 발휘하는 유언(Will)'이란 뜻이다. 리빙월이란 어떻게 죽을지를 스스로 선택할 수 있는 권리를 담은 '존엄사 선언'이라고 할 수 있다.

치매 같은 병으로 판단 능력을 잃기 전에 '사전치료 거부' 선언을 하는 것이다. 그렇다고 무조건적인 치료 거부가 아니라 과도한 연명 조치를 받고 싶지 않다는 의사를 문서에 명기하는 것이다.

물론 이 선언서는 법적인 효력이 없기 때문에 병세가 갑자기 위독해져서 응급실로 실려갔을 때 의사가 리빙월을 확인하는 절차를 거치

제5장_ 부모님의 죽음에 대해 묻기 231

지 않고 적극적으로 연명 치료를 하여 인공호흡기를 다는 일도 일어날 수 있다. 그렇기 때문에 리빙윌의 내용은 가족들도 알아둘 필요가 있다.

30년 전 내가 의과 연수생이었을 무렵에는, 암 말기로 심장이 정지되어도 약물을 투여하고 심장 마사지를 실시하다가 호흡이 정지되면 인공호흡기를 부착했다. '의사는 마지막까지 치료를 멈춰서는 안 된다'고 귀가 따갑게 선배들에게 들었기 때문이다. '마지막까지 가능성을 믿고 노력한다. 그것이 의사 본연의 모습이다' 나는 그런 의학 교육을 받아 온 것이다.

암 말기로 의식이 없는 환자의 몸 여기저기에 관이 들어가고 모니터에서는 심장 박동 소리만 들리는데, 가족들도 의사도 그저 환자의 심장이 멈추는 순간만을 속절없이 기다리는 경우도 드물지 않았다.

그러나 지금은 병을 간호하는 일도 의료의 중요한 부분이 되었고, 자신의 마지막에 대해 선택할 수 있는 길이 예전보다 열려 있다. 마지막 순간을 어떻게 맞고 싶으신지 부모님의 의지를 확인해둘 필요가 있다.

'리빙윌'에 대해 알려드리고 의향이 있는지 물어보고 함께 작성하자. 부모님의 글에서 더 멋있게 사는 방법과 인생을 아름답게 마무리하는 방법을 배울 수도 있을 것이다.

이 야 기 37

집에서 임종하는
문제를 가족끼리 의논한다

부모님을 집에서 병간호하는 경우를 가정하고 생각해 본다.

요즘은 거의 대부분 병원에서

부모님의 임종을 지켜본다. 그리고 그걸

편하게 생각한다. 하지만 평생 살아온 집에서

마지막을 맞이하고 싶어하는 부모님도 많다.

그 뜻을 받아들이는 것도 효도다.

🕯 **집에서** 병간호를 받으며 조용히 마무리하고 싶다는 부모님의 소망이 이루어지기가 어려운 것이 사실이다. 또한 이런 말은 소설 속에서나 나오는 이야기일 뿐, 실제로 편안히 죽기란 쉽지 않다.

내 어머니도 집에서 병간호를 했기 때문에 아버지와 상의 끝에 마지막은 집에서 보내드릴 작정이었다. 집안에 의사가 둘이나 있으니 크게 어렵지 않으리라고 생각했다. 그러나 용태가 나빠지고 링거로밖에 영양을 보급받지 못하게 되자 팔다리의 정맥이 부어올라 여간해서는 주삿바늘이 들어가지 않았다.

링거를 교체하는 것도 문제고, 링거만으로 언제까지 간병할 수 있을지도 알 수 없었다. 어머니는 이미 식물인간이나 다를 바 없는 상태였기 때문에 그쯤 되니 역시 병원으로 모셔야겠다는 생각이 들었다. 결국 내가 아는 병원으로 모셨고 약 1년 동안 입원 생활을 하신 끝에 돌아가셨다.

집에서 환자를 돌본다는 것은 몹시 어려운 일이다. 암 말기 환자라면 사시는 기간을 대강이라도 헤아릴 수 있지만 치매 같은 병을 앓는 경우는 언제가 마지막일지 전혀 예측할 수가 없다. 한 달이 될지, 아니면 1년이 될지 아무도 모르는 일이다. 이런 이유들로 인해 집에서 조용히 죽음을 맞이하기란 어렵다는 것이다.

아버지의 경우는 꽤 병이 깊어질 때까지 집에서 병간호를 했다. 물론 병원에 가면 적절한 치료를 받고 다소나마 연명이 가능했을 것이다. 그러나 나는 될 수 있는 한 병원에 있는 시간을 줄이고 집에서 천천히 마지막을 준비할 수 있게 해드리고 싶었다.

그래서 최후에 최후까지 집에서 모시다가 정말 마지막이다 싶을 때가 되어서 병원으로 모셨는데 입원하신 지 3일 만에 세상을 떠나신 것이다.

가족들은 충분한 병간호를 해서 후회가 남지 않도록, 성심성의껏 최선을 다하려고 노력할 것이다. 하지만 암 말기와 같은 상태에서의 치료는 무모한 의욕만으로 해결되지 않는다. 현실을 직시하고 장기적인 관점에서 보지 않으면 안 된다.

이 야 기 38

살아계실 때
장례 절차에 대해 상의한다

장례식을 어떻게 치르면 좋을지 부모님의 바람을 미리 물어보자.

요즘은 미리 장례 서비스를 결정하고

거기에 맞춰 상조 서비스에 가입하거나

대비를 하는 경우가 늘고 있다. 그리고 최근엔

수목장 등 다양한 장례 형태가 생겨나고 있다.

원하시는 장례식에 대해서도 알아두면 좋다.

최근에는 장례식을 어떻게 치를지 부모님이 살아계시는 동안 미리 정하는 사람들이 늘고 있다. 장례의 형식도 참으로 다양해서 가족끼리 조촐하게 치르는 예식이 있는가 하면 가능한 한 많은 사람들을 초대하는 경우도 있다. 어떤 방법을 선택하든 가장 중요한 것은 부모님의 의사를 반영하는 것이다.

수천만 원이나 들여 장례식을 치르는 드문 경우도 있지만 이런저런 경제적 이유로, 혹은 허례허식은 생략하고 싶다는 이유로 가족들끼리 장례식을 치르는 사례도 늘고 있다.

내 아버지는 너무 화려한 것을 좋아하지 않으셨다. 그렇다고 장례식을 치르지 말라는 말씀은 하지 않으셨기 때문에 가장 일반적인 장례식장을 빌렸다.

아버지는 유채화를 좋아하셔서 줄곧 그림을 그리셨다. 그래서 장례식장에 유작이 된 그림과 유채화 몇 점을 장식해놓았다. 또 주무시는 시간이 많아졌을 때 내가 골라 드린 서정적인 노래 테이프를 머리맡에 틀어놓고 자주 들으셨기 때문에 그 음악들을 장례식 내내 틀어놓기도 했다.

고인의 인품이 느껴지는 장례식이라면 찾아와 주시는 분들도 충분히 공감할 수 있을 것이다.

이렇게 장례식 때 장식하고 싶은 것, 틀어주었으면 하는 음악이 있다면 살아 있는 동안 자식들에게 이야기하는 편이 좋다. 특히 종교를 갖고 있다면 원하는 장례의 형태를 말하는 것이 좋다.

부모가 뒤늦게 종교를 갖거나, 노후에 종교 생활을 그만두기도 하고, 종교를 바꾸기도 해서 자식들이 모를 수도 있다. 종교를 갖고 있다 하더라도 전통적으로 치렀던 장례 형태를 바랄 수도 있으니 부모님에게 허물없이 물어보도록 하자. 장례식은 고인의 유지를 존중하는 것이 가장 중요하다.

그리고 부모님을 모실 묘소를 미리 마련해 둘 필요도 있다. 선산에 묻히고 싶어하시는 부모님이 계시는가 하면, 납골당을 원하는 분도 있다. 돌아가신 뒤에 자녀가 결정할 게 아니라 미리 어디에 묻히시길 원하는지 부모님께 물어보자. 성묘하기 좋은 곳으로 모실 수 있게 합의를 해 둘 수도 있다. 부모님이 준비한 묘지가 있다면 장소와 비용 같은 구체적인 사항을 전달받는다.

안장에 드는 비용은 묘지 사용료, 관리비, 비석 등 부속품 구입과 공사비에 이르기까지 매우 광범위하다. 이 모든 것을 부모님이 건강하게 살아계실 때 확실히 정해야 하는 것이다.

이런 문제는 가족 간에 암묵적인 합의가 되어 있을지도 모르지만

만일을 대비해 부모님이 건강하실 때 확인해두는 편이 좋다.

묘소를 관리하기 위해 지방에 있는 묘소를 이장해 와야 하는 경우도 생길 수 있다. 그런 문제들도 부모님과 미리 상의하면 혼자 결정하는 것보다 훨씬 부담감이 덜하다.

내 어머니와 아버지는 고향집 근처에 있는 가족 납골당에 모시고 있다. 나는 아버지로부터 가족 납골당을 지금의 장소로 옮기게 된 연유를 들은 적이 있었다. 그래서인지 부모님 두 분을 그곳으로 모시는 것에 대한 부담이 없었다.

조상의 역사를 어린 시절부터 들을 수 있었던 나는 운이 좋았다. 조상 대대로 내려오는 선산이 있다면 기회가 될 때 무덤이 왜 그곳에 있는지 부모님께 물어보는 것도 좋겠다. 최고의 관심사는 역시 성묘하기 좋은 곳에 위치해 있는지가 되겠지만 말이다.

이 야 기 39

부모님과 유품을 미리 정리한다

부모님과 틈틈이 소지품을 정리한다.

부모님이 갑자기 떠나시고 나면

무엇을 버려야 할지 고민스러워진다.

미리 시간을 정해 부모님과 물건들을

정리하면서 거기에 얽힌 사연들을 들어보자.

그리고 버릴 것과 남길 것들을 정리해보자.

아버지가 돌아가신 지 1년이 지났지만 부모님 집은 아직도 쓰레기와 서류더미가 한가득이다. 물론 이제는 내가 알아서 버릴 것은 버려도 되지만, 아버지가 버리고 싶지 않았던 물건이 있는 건 아닌지, 아니면 내가 대신 버려주었으면 하신 물건이 있는 건 아닌지 망설이게 된다. 이제는 아버지에게 물어볼 수도 없는데 말이다. 결국 큰 일이 되겠다 싶어 쓰레기를 버리기로 결심했다.

　　물건들을 정리하다 보면 왜 갖고 계시는지 궁금해지는 물건도 있는데, 그런 물건을 볼 때마다 부모님의 인생에 대해 더 알아두었으면 좋았겠다는 생각이 들곤 한다.

　　부모님이 건강하실 때는 괜찮지만 자주 아프시거나, 몸져누우시게 되면 무엇을 버릴지 물어볼 수 없다. 어쩌면 무엇을 버릴지가 아니라 무엇을 남기는 것이 좋을지 묻는 편이 더 빠를지도 모르겠다. 먼저 꼭 남겨둘 물건부터 골라내고 다른 것들은 웬만하면 버리는 게 좋은 방법이다.

　　부모님이 건강하실 때, 정확히 의사를 표현하실 수 있을 때, 자식이 소중하게 간직했으면 하는 물건이 있는지 물어보는 것이 좋다.

　　요즘에는 살아계시는 동안에 자신의 소지품을 정리하는 부모님들이 늘고 있다. 이른 바 '생전정리'다. 이는 남겨진 사람들을 위한 배려라고도 할 수 있고, 자신의 기록을 어디에 남길지 생각할 수 있는 좋은 기회로도 이용할 수 있다.

어머니의 유품 중에는 내가 첫 월급을 받아 어머니에게 선물한 주전자가 남아 있었다. 이런 역사를 모르는 사람들에게는 그 주전자가 자질구레한 물건에 지나지 않을 것이다.

골동품과 같이 낡을수록 가치가 있는 것, 또는 가족들에게 의미가 있는 물건들은 차차 세대가 바뀌어 갈수록 분간해내기 어렵다. 골동품은 감정을 거쳐야 하겠지만 가격에 상관없이 자자손손 소중히 아껴주었으면 하는 물건이 있다면 살아 있는 동안 정리해 두는 것이 좋다.

한편 취미로 수집한 의류, 구두, 가방 같은 것들은 남겨진 사람들이 정리하기까지 1년 이상 걸리기도 한다. 부모님이 돌아가시고 나면 왜 좀 더 미리 상의해서 여러 가지를 정리해두지 않았나 하는 후회를 하게 된다.

건강할 때 몸과 생활을 가뿐하게 해둘 것. 이것도 노후를 맞는 사람들이 해야 할 중요한 작업이다.

알아두기

사망신고

　부모님이 사망하였을 경우, 자녀는 부모님의 본적지나 신고인의 주소지에 이를 신고해야 한다. 부모님이 호주로 되어 있을 경우, 사망신고와 동시에 호주승계 신고가 이루어진다. 또한 사망신고와 동시에 재산상속 절차가 개시되기 때문에 사망신고는 정확하게 이루어져야 한다. 사망한 날짜는 물론 사망시각까지 정확하게 기재되어야 하며, 관련서류도 빠짐없이 제출해야 한다. 신고는 사망사실을 안 날로부터 1개월 이내에 하는 것이 좋으며, 자녀나 돌아가신 분과 함께 살고 있던 친족, 친족이 아니더라도 함께 살았던 사람이 신고하면 된다.

　신고에 필요한 서류는 사망진단서 또는 검안서, 신고인의 신분증명서, 사망자의 가족관계증명서가 필요하다. 사망신고를 하면 자동으로 호주승계 절차를 밟게 되니 승계인 도장을 챙겨가는 것도 잊지 말아야 한다.

유족연금 청구

　국민연금에 가입하고 있는 사람 또는 연금을 받던 사람이 사망하면 유족연금이 지급된다. 유족연금은 가입자의 배우자, 자녀, 부모 등 가입자에 의존해 생계를 유지하던 유족들이 안정된 삶을 살아갈 수 있도록 하기 위해 마련된 제도다. 보통 노령연금 수급권자가 사망한 경우이거나 국민연금 가입자가 사망한 경우, 장애등급 2급 이상의 장애연금 수급권자가 사망한 경우, 가입 경력이 10년 이상인 자가 사망한 경우 등 이 연금을 받게 된다. 하지만 이 조건에 충족하더라도 연금을 받는 대상자의 조건에 맞지 않으면 연금을 받을 수 없다.

　청구는 수급권이 발생한 때로부터 5년 안에 해야 하며, 이 기간을 넘기면 소멸 시효가 되어 받을 수 없게 된다. www.nps.or.kr 참고

금융거래 조회

부모님이 갑자기 사망하였다면, 어떤 금융거래를 했는지 알 방법이 없다. 이런 답답함을 해소하기 위해 금융감독원이 만든 것이 '상속인 금융거래 통합조회 서비스'이다. 이 서비스를 활용하면 상속인은 피상속인의 금융거래 내역을 쉽고 빠르게 일괄조회할 수 있다. 조회를 위해서는 상속인 중 1명이 신청서를 작성하여 금융감독원이나 농업협동조합, 국민은행 등을 직접 방문하여야 한다. 방문 시에는 사망 및 상속 관계를 확인하기 위한 사망진단서, 가족관계증명서, 신청인(상속인) 신분증을 지참해야 한다.

이 제도를 통해서 은행, 증권, 생명보험, 손해보험, 종합금융회사, 상호저축은행, 여신전문금융회사 등을 통해 거래한 피상속인 명의의 예금, 대출, 신용카드 채무, 보험계약, 가계당좌거래 등을 확인할 수 있다. 부동산 조회도 가능하다. 국토해양부 지적기획과에서 제공하는 '조상 땅 찾아주기 서비스'를 이용할 수 있다.

자동차 이전등록

자동차를 소유하고 있었다면, 사망한 날로부터 90일 이내에 사망에 의한 자동차 이전등록 신고를 해야 한다. 신고는 관련 서류를 작성하여 자동차 등록사업소나 구청 민원실을 방문하면 된다. 이때 필요한 서류는 망자의 제적등본, 상속협의서, 상속자와 상속포기자의 인감, 자동차등록증, 책임보험가입증명서, 신고인 신분증이다. 자동차 이전등록은 기간 안에 반드시 해야 한다. 이를 어기면 최고 50만 원의 과태료를 내야 한다.

부모님 살아계실 적에

초판 1쇄 발행   2012년 1월 30일

저　자 | 요네야마 기미히로
옮　김 | 이윤희

발 행 인 | 신재석
기획·편집 | 유은경, 유명화
디 자 인 | 김윤정, 정지선
마 케 팅 | 이영찬

발 행 처 | (주)삼양미디어
등록번호 | 제 10-2285호
주　　소 | 서울시 마포구 서교동 394-67
전　　화 | 02 335 3030
팩　　스 | 02 335 2070
홈페이지 | www.samyangM.com

ISBN | 978-89-5897-229-7

* 이 책은 저작권법에 따라 보호받는 저작물이므로 무단전재와 복제를 금합니다.
* 이 책의 전부 또는 일부를 이용하려면 반드시 (주)삼양미디어의 동의를 받아야 합니다.
* 잘못된 책은 구입하신 서점에서 바꾸어 드립니다.